殷登國——著

中國古代
假陽具的真面目

恣

前言

成人玩具真好玩

孩子們都喜歡玩玩具。

小泥人、布偶娃娃、竹馬、竹蜻蜓、彈弓、積木、陀螺、風箏、皮球、整組的小鍋小碗杯盤刀叉……。

長大以後，人們依舊童心未泯喜歡玩玩具。

孩童時期的玩具叫「童玩」，長大以後的玩具就叫「成人玩具」。

童玩對孩童的成長有莫大的助益，例如啟迪心智、訓練眼睛與手指的協調、訓練手腳的靈活運動、訓練身體肌肉的耐力、訓練成長後的謀生技能（如玩彈弓練習射獵技巧）、為生兒育女預作準備（如玩布偶娃娃、扮家家酒）。同樣的，成人玩具對男歡女愛的助益也非同小可，它為平凡單調的肉體接觸帶來另類的刺激，像在一碗白菜蘿蔔湯裡添加了一小撮鹽。

喜歡看日本愛情動作片的朋友們，對當今的成人玩具一定都不陌生；有跳蛋、電動假陽、塑膠假陽、電動按摩棒、遙控型仿陽具跳蛋、電鑽型圓球按摩棒、貼肉型陰戶塞入式假陽、細長型肛門塞入塑膠棒……，令人目不暇給、嘆為觀止，對日本人淫蕩風流的創意暗暗佩服。這些尺寸不一、五花八門的淫具，出現在日本色情影片的場景，通常有以下幾種：

一是思春少女或失婚寡婦在久曠難耐時，打開床頭櫃，取出抽屜中的跳蛋或電動假陽具，在自己的乳房和胯間來回按摩，以發洩鬱積的情慾，引起窺探的鄰人起了覬覦之心。

二是男女出遊時，男優預先在女子下體中塞入可以無線遙控的仿陽具跳蛋，走在馬路上，忽然啟動開關，讓女子下體酥麻腿軟、寸步難行而醜態畢露，以此取樂。

三是在美少女或人妻應徵演出色情片初次面試時，男優用跳蛋或電動假陽在她的性感帶來回撫弄，讓她性慾氾濫而放下矜持，在鏡頭前成為人盡可夫的蕩婦。

四是男優開車載著美少女或良家婦到風景名勝地作「一泊二日溫泉之旅」，在車上讓女子用電動假陽或跳蛋自慰，等她情慾勃發時便把車停在僻靜處，玩起車震的遊戲。

五是「人妻三發」系列，AV男優在徵得許可後，來到人妻家中，要她取出平日思春時常用的電動成人玩具，在鏡頭前自慰，等到她情慾熾盛、急不可耐時，再趁虛而入、大動干戈。

六是男優帶著涉世未深的少女逛情趣商品店，介紹琳瑯滿目的成人玩具和性感內衣如何使用，說得天花亂墜，使少女面紅耳赤又十分好奇，隨即買下幾種假陽具和情趣內衣，到附近的旅館中試穿試用，達到採花性侵的目的。

七是男優勾搭隔壁獨居少婦或人妻時，在網購假陽的地址上故意填寫鄰居婦人的地址，等莫名其妙收到宅配假陽的少婦照包裹收件人姓名按門鈴歸還時，再趁機勾搭成姦。

八是中年大叔或白髮老男優以各種假陽具淫戲女學生、辦公室婦女或年輕辣妹，一方面拖延表演時間，一方面以逸待勞，在女子潰不成軍時，再趁勝追擊，讓對方獲得忘我的高潮。

九是男優把女友帶到汽車旅館，挑選有性虐設備的情趣房間，用八爪椅或手術椅、十字形或X字形四肢縛定架、可以綁手綁腳的皮木馬、可以枷手套鎖四肢的特殊坐椅……。讓女友失去抵抗力，再任意用各種成人玩具挑逗戲弄她的性感帶，等她淫水氾濫、浪叫求歡時，再恣意進出，最後同登極樂之境。

十是「拘束椅子」，把仰躺在皮沙發或絨布沙發上的女優手腳縛定、雙腿大張，用跳蛋、電動假陽、電動按摩棒和電鑽按摩棒肆意玩弄她的乳房和私處，讓她情慾高漲、春水四溢、花容失色、哀哀求饒。這一場淫戲通常可以持續十幾分鐘，以為最後一個場景——輪姦預作舖墊，讓欲求不滿的女優可以全盤接受3P或4P的任何嬲戲輪姦。

成人玩具的種類多矣，玩法各異，以上所述，不過是九鼎之一臠而已，相信充滿創意的讀者們一定心得良多，笑我孤陋。

講述兒童玩具的專書很多，中、日、英文的不下幾十種，《漢聲》雜誌還曾出過兩期「童玩專輯」；但是有系統介紹成人玩具的專書，相對來說就十分罕見了。「蜀中無大將，廖化作先鋒」，希望這本珍稀的《恣——中國古代假陽具的真面目》可以收拋磚引玉之效，並期待四海高明之士不吝賜教。

是為序。

二〇一九年清明，作者自序於新店

目錄

003 前　言　成人玩具真好玩
008 第一講　世界上最古老的假陽具
014 第二講　假陽具的十六種異稱
028 第三講　手指也是性器官
038 第四講　蘿蔔茄子女人最愛
046 第五講　搗衣槌不止是洗衣工具
060 第六講　五花八門的人造假陽具
070 第七講　哪種假陽具最好用？

084 第八講　假陽具功用知多少
094 第九講　假陽具的愛用者
114 第十講　假陽具的使用說明書
128 第十一講　假陽具的銷售管道
144 第十二講　強化男陽攻擊力的祕密武器

第一講

世界上最古老的假陽具

跟你打賭一碗牛肉麵，打賭你一定不知道：中國人何時發明了假陽具？

你不知道吧！你贏不了這碗麵的。

告訴你吧，我也不知道。

這件事是永遠找不到答案的；就像中國人從何時開始手淫一樣的難以考據。

但是我知道一件事，假陽具絕對不是像明朝人田藝蘅在《留青日札》卷三裡所說的那麼晚，田藝蘅說：「元朝有個唱戲的伶人叫詹俊，詹的兒子發明了可供淫樂的假陽具，這是淫具誕生的開始。」

假陽具絕對不始於六百多年前的元朝，也絕對不是詹俊的兒子發明的，他沒資格申請專利。根據文獻記載，中國在一千四百年前的隋朝，已經有假陽具問世了，隋朝道士張鼎在他的養生醫學名著《玉房秘決》一書裡警告世人說：「如果用象牙製成的男莖來滿足情慾，會殘害身體健康，早衰早死。」

張鼎認為用假陽具滿足情慾會妨害健康，跟說手淫有害健康一樣是不對的觀念，但是他的確說明了中國在隋朝時已經有人用象牙雕成假陽具以供淫樂。

然則，假陽具在中國是隋朝時才發明的嗎？

近人劉達臨《中國情色文化史》一書中，有幾幀古代中國假陽具的圖片，見證此種淫具古老悠久的歷史，有一幀是兩千年前漢朝時用陶土燒製的，龜頭、龜稜、冠狀溝和陰莖（肉莖）都巨細無遺、栩栩如生，展現彼時製陶工

中國春畫描繪女人手淫情景。

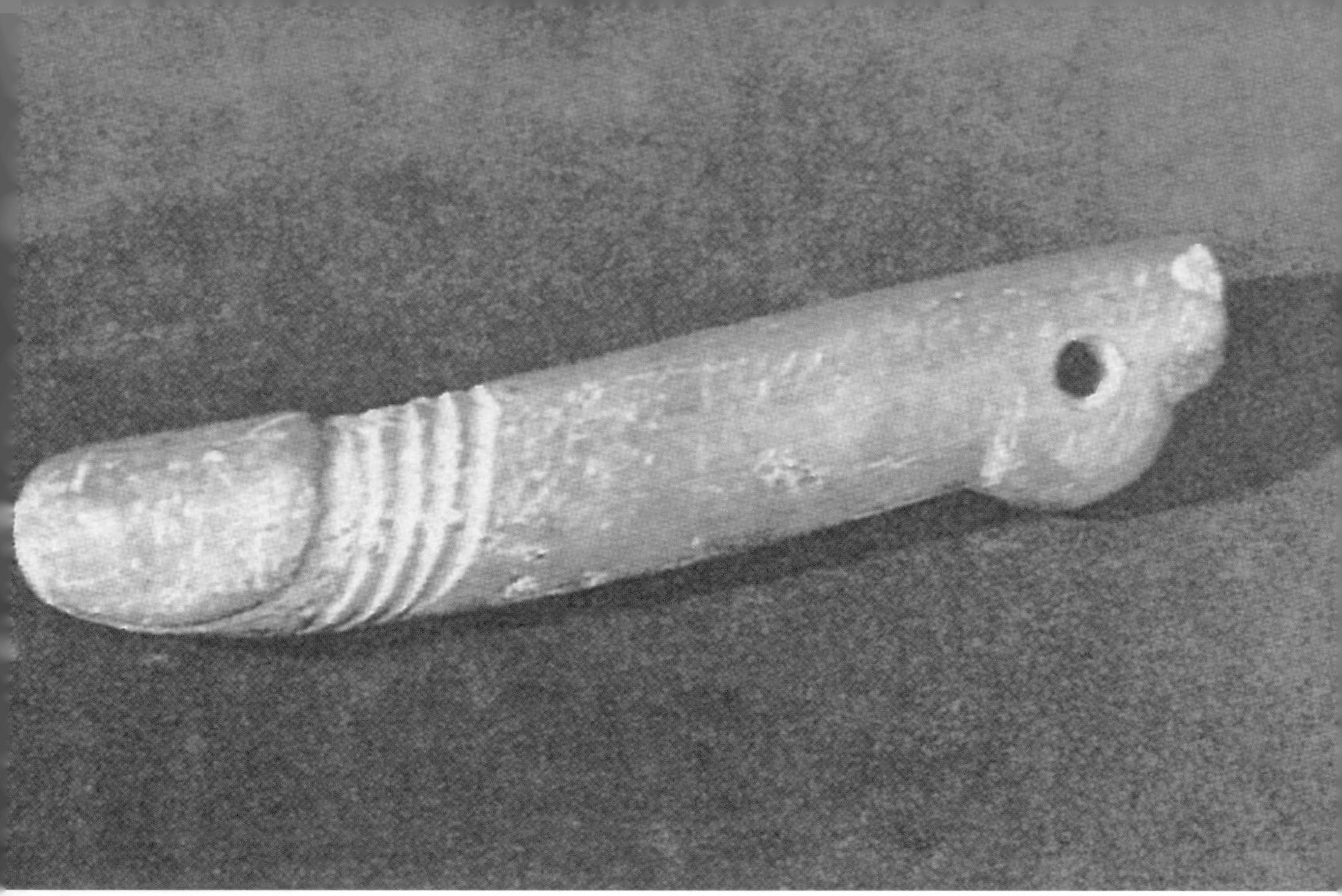

漢朝陶製假陽具。

藝之精美，根部有一小孔，應該是穿繩之用，可以繫在使用女性的足跟，以手持足踝助其進出牝戶。

漢朝的假陽具也不是中國最古老的淫具。劉達臨的《中國情色文化史》一書中，還有東北遼寧出土、距今四、五千年的黑陶假陽具，在那麼久遠的年代，中國人已把假陽具的龜頭、馬眼、龜稜、陰莖和陰囊各部都製做得惟妙惟肖了。此外，同書還有甘肅出土、距今約四千年前的石雕假陽具，製造者把男子的睪丸雕成環形，像阿拉伯數字的9或英文字母的P，想必是基於實用的考量，方便握持，作為淫具之用的功能就格外明確了。

二〇〇四年九月下旬，我赴北京參加世界華文作家大會，會議結束後在北京待了十多天，四處逛逛。一日在潘家園古董市場的地攤上看到一件墨綠色玉雕假陽具。它長約三十公分，直徑約二・五公分，筆直似笛，但頂端雕成龜頭之形十分明顯，尤其特殊的是根部睪丸雕成一隻青蛙，約半個拳頭大小，造型古樸，足證是古墓出土之物，年代應有三千年以上，就算不是商朝，也該是西周早年之物。我見獵心喜，正要探詢價錢，卻被一旁的妻子拉開，說：「買這個東西幹嘛？」

▍陶祖，遼寧出土，距今約四十一五千年。

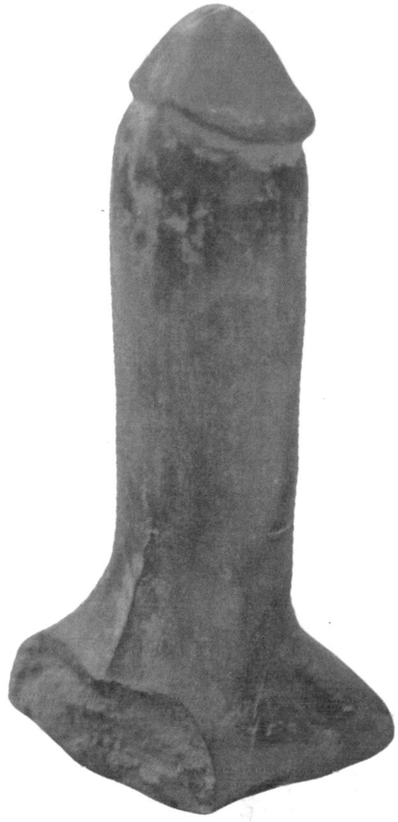

▍陶祖，遼寧出土，距今約四千年。

於是失之交臂，至今仍懊悔不已。

我相信那是一根古老的玉雕假陽具，不是現代人製做的假古董，是有道理的，因為它的基座雕成青蛙之形以代替睪丸，使這根假陽具兼具了生殖崇拜的功能，讓祈盼生兒育女的婦人可以藉膜拜它祈求自己懷孕生子。在先民的觀念裡，青蛙是多產的象徵，母蛙一次就會產下好幾百粒卵，一一孵化成蝌蚪，再長成好幾百隻小青蛙，假陽具的底部雕一隻青蛙，絕對是遠古先民的思維，現代人看到青蛙只會想到錢、想到發財，雕刻一個蟾蜍咬錢的玩藝兒，或畫一幅劉海戲金蟾，以求招財進寶；所以那根青蛙座底的墨綠玉雕假陽具絕對是件真古董。

中國人在四、五千年前才發明了假陽具用以自慰嗎？不，我相信其實還要更早，只等待出土文物把假陽具的歷史拉長、還原真相而已。根據考古發現，世界上最古老的假陽具在歐洲出土，已有兩萬八千年的歷史了，相信中國人發明假陽具也絕對不會比歐洲人晚，只是那樣古老的假陽具還沒出土，或已經毀壞不存了。

二〇〇五年八月十一日，世界日報萬象版有一則《美聯社》的報導說：德國圖並根大學考古學家在德國南部布羅博倫烏爾坦博格區的尼安德塔人磐石洞遺址，搜集到彼此似乎相關的十三個碎片，直到二〇〇四年找到第十四片後，才拼出一根長二十公分、直徑三公分的假陽具，證明了兩萬八千年前的舊石器時代，人類的女性祖先已經有了自慰的按摩棒。

兩萬八千年前的石製假陽具是人類最古老的淫具嗎？就現今出土文物來看，的確如此，但是假陽具的誕生年代絕對比這個年份還要古老悠久，我們可以大膽而放心地猜想，大概有人類在地球上活動之初，他們就發明假陽具來滿足性慾了；因為需要是發明之母，性慾得不到滿足的女性老祖先，起初一定是用手自慰，後來嫌手指不夠粗長，就會想到小黃瓜、胡蘿蔔或竹桿，木棍一切形狀類似男陽的東西作為淫具，而後發明了木雕、石雕或陶塑的假陽具。可以說，人類手淫的歷史有多古老，假陽具的歷史就有多古老，只不過彼時沒有文字記載，假陽具的實物又深埋土中、有待發掘而已。

猜想五十萬年前的北京人已經用木製、骨製或石製的假陽具了，而且當初發明假陽具的一定是女性。

第二講

假陽具的十六種異稱

現代人稱模仿男陽的成人玩具為「（電動）按摩棒」，因為它用電池發電產生振動，有按摩的功用，可以抒解肌肉疲勞；但是當它按摩到人體的性感帶，如乳房、陰戶、肛門……等地方時，又能產生快感，是不折不扣的煽情之具，所以「按摩棒」的功能等同於假陽具，只是在名稱上比較含糊，比較端得上檯面罷了。

假陽具在中國流行了幾十萬年，上古時代不知如何稱呼，自有文字記載以來，人們便依照自己的喜好或方便，給它取了各式各樣的名稱，多到讓人猜想不到、嘆為觀止，以下就擇要略加介紹。

一、生支

唐朝人受西藏密宗的影響，對假陽具的代稱。英國學者李約瑟在《中國之科學與文明》第三冊中說：「性也是密宗的主題，他們認為電光Vajra是男性生殖器，叫做生支Lingam；蓮花Padma是女性生殖器，叫作女根Youi。」印度人把假陽具也叫做「生支」，是用樹膠製成的。

近人南宮博在其長篇歷史小說《武則天》一書中說：武則天的御醫明崇儼大夫，曾獻春藥和印度進口的樹膠生支給武后，藉以獻媚取寵，與皇后淫亂，透過武后貼身女侍上官婉兒的眼睛，南宮博說：「武皇后與明崇儼之間的

清中葉佚名春畫，描繪久曠少婦以「觸器」自慰，引起旁人窺探，心生歹念。此畫近似民初姚靈犀《思無邪小記》書中自云他看過的那幅春畫。

關係，在婉兒，已不是新奇的了。可是，今夜卻是新奇的。在過去，她所知道的是明崇儼運用他的技術與特殊的工具——明崇儼稱之為『生支』的一件工具，婉兒見過，也曾經臉紅過——可是，博識的明大夫稱這『生支』來自天竺古國。……明崇儼將『生支』獻給武皇后，現在，他又將自身獻上了。婉兒想著：現在，皇后不需要生支了……。」生支是外來語的音譯。

二、淫具

從字面解釋，就是「行淫的工具」，這是明朝人的用法。明人田藝蘅《留青日札》卷三〈佛牙〉云：「胡元伶人詹俊子，為淫亂之物，此淫具之始也。」胡元是指胡人建立的元朝。

三、偽器

就是假的東西，暗指假陽具，這是清朝初年時的講法。清乾隆年間的學者王士禛《漁洋夜譚》卷七〈僧道〉中有一則〈常靜蓮〉，說山東濟南肥城縣有個年輕人鄭法坤，上泰山斗姥宮遊玩，看到斗姥宮裡一個年輕的女尼常靜蓮，長得很美麗，就目不轉睛地盯著看。常靜蓮就笑指著鄭生說：「個人賊目刺人，當是賊。」鄭法坤開玩笑說：「爾幃後一小龕，貯偽器，我曾竊得一具來。」常靜蓮聽了，以袖掩口，笑中帶罵而出。

四、偽具

與偽器近似的稱法，流行於晚清。晚清人採蘅子《虫鳴漫錄》卷二，有一則故事講南京人陳全很狡猾刻薄。一天，他有個朋友「市房中偽具置腰間」，陳全先一步趕到朋友家，假裝很緊張地對友人的寡母、嫂嫂和妹妹說：「妳們家的某某，今天在街上與人發生爭吵，氣得買了把刀子藏在腰間，準備晚上去跟人家拼命呢！妳們要小心防備。」再三叮嚀而去。友人回家後，母親、嫂子和妹妹就攔住他，盤問他上街去買了什麼？把腰間藏的東西拿出來。友人臉色大變，轉身就想逃走，被大家攔住硬搜，結果搜出一根偽具，大為尷尬，後來才知被陳全捉弄了。

▌晚清春畫描繪宮女胯繫假陽具嬲戲另一宮女的情景，王府格格在後面推送助興。

▍清朝春畫描繪女子以「狎具」繫腳踝自慰的情景。

五、觸器

意指碰觸的器具。民初人姚靈犀在《思無邪小記》書中提到他曾看過的春畫，有一幅「繪少婦對燈獨坐，旁有紅盆，下體無袴，踝上繫一觸器，持器半投，而以兩手抱膝，目注神移，疑為孀婦，窗外有一長髯奴竊窺之。」

六、狎具

意指狎玩的工具。清初詩人查慎行《人海記》卷上〈周后田妃〉一則中，說田貴妃向崇禎帝告狀，說周皇后住的坤寧宮裡的小太監與宮婢淫亂。「上色動而搜其處，大得狎具。」原來那些小太監們入宮前已被淨身，沒了真陽具，便用狎具來淫亂宮婢。

七、角先生

指用牛角、鹿角磨製成的假陽具；冠以「先生」之名

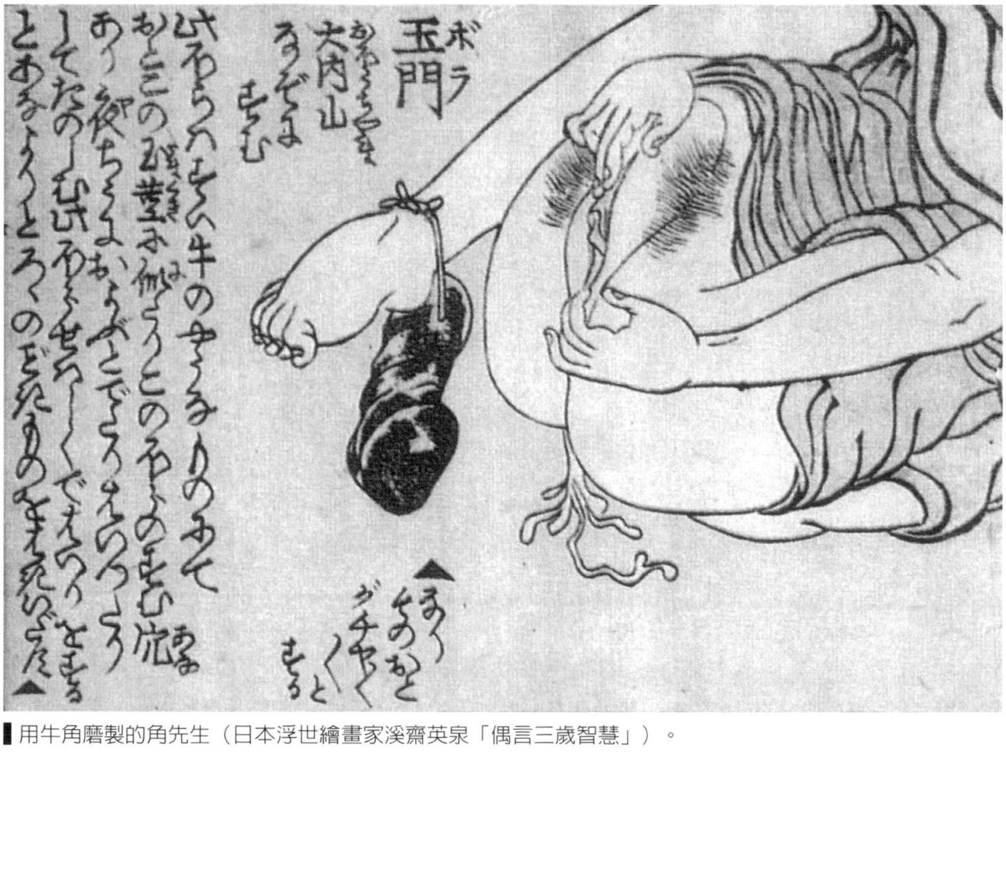

▍用牛角磨製的角先生（日本浮世繪畫家溪齋英泉「偶言三歲智慧」）。

頗有促狹之意，因古人也尊稱教書的老師為「先生」。

明朝時已有「角先生」一詞了。晚明人馮夢龍《醒世恆言》卷二十三〈金海陵縱欲亡身〉說金廢帝海陵王的妃子阿里虎失寵後，情慾無由發洩，失眠成疾，侍女勝哥就託太監到宮外買來一具角先生給阿里虎洩慾：「（勝哥）見阿里虎憂愁抱病，夜不成眠，知其慾心熾也，乃托宮監（太監）市角先生一具以進。阿里虎使勝哥試之，情若不足，興更有餘。」

八、郭先生

江南人把「角」讀為「郭」，輾轉傳到閩南時，閩南人就誤聽成「郭先生」了。民初醫生陳存仁博士在〈男性酷刑太監考〉一文中說：「男陽代用品以幼鹿茸角為最合適，……各地稱鹿茸角為『角先生』者，即是指此，南方人輾轉以訛傳訛，乃稱為『郭先生』，實在是誤會的。」

九、烏角先生

用鹿角、牛角製的假陽具色澤發黑，所以有人在「角先生」上加一「烏」字，稱作「烏角先生」。清朝時一首馬頭調雜曲〈孩刨〉描寫失寵之妾長夜失眠，以假陽手淫說：「四更四點月兒西，忍不住的佳人心內著急，買了一件東西堪可意，名叫『烏角先生』不喲嗜嗜，卻也像活的來往的不汲不汲不喲嗜嗜，弄得我心裡迷。」日人溪齋英泉的浮世繪木刻套色版畫「偶言三歲智慧」中，也繪有一裸女右手持烏角假陽、左手持一疊草紙準備自慰的情景。

十、假屌子

用現在的話講，就是「假屌」，這種用法出現於明末清初。序刊於清雍正八年（西元一七三〇年）的長篇章回小說《姑妄言》，第十九回裡說南京油房巷紳士單于學家的丫環花蕊撞見另一丫環夜合在後院自慰，夜合不好意思地說：「我今日要死了，不知什麼緣故，下身癢得要死，

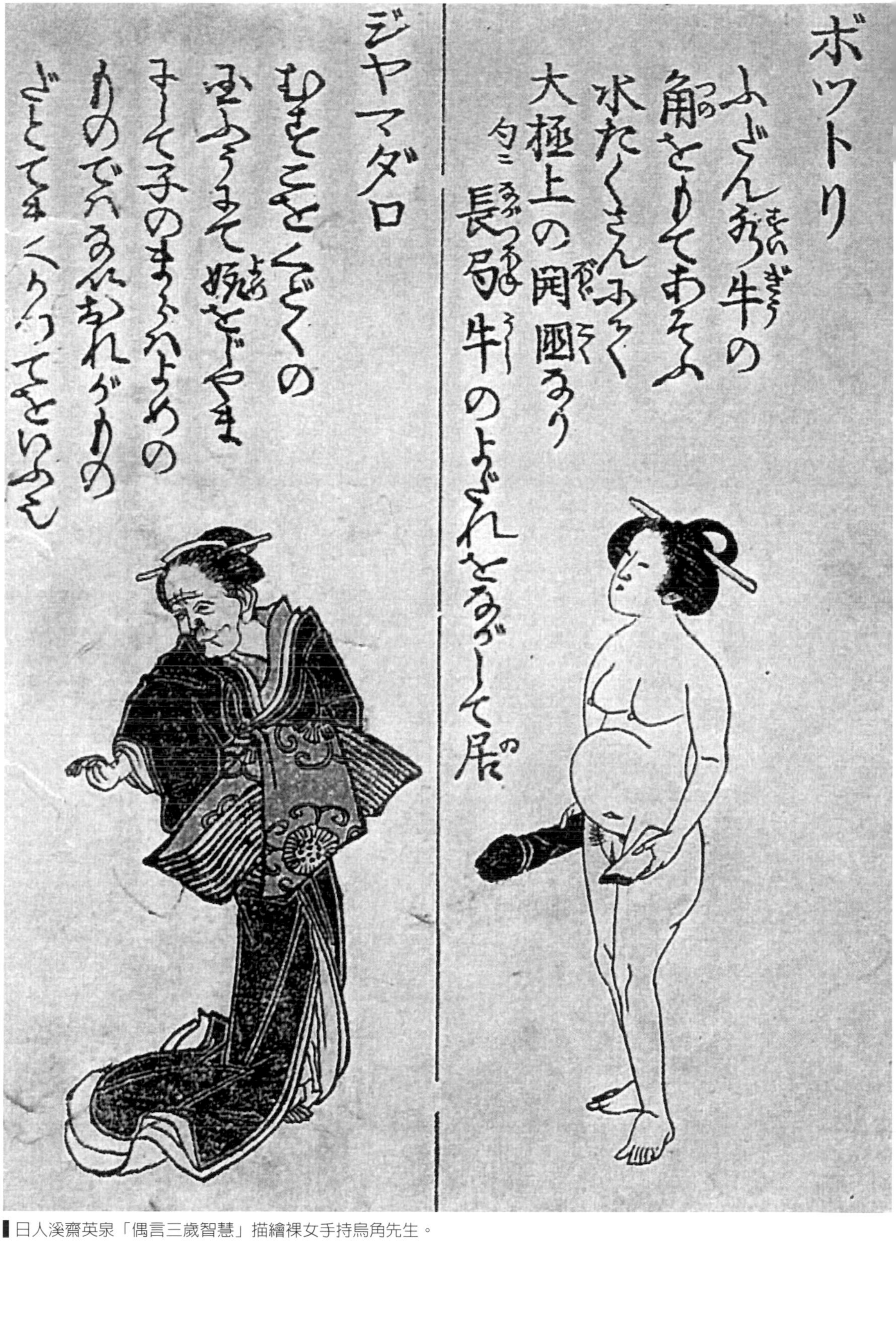

▌日人溪齋英泉「偶言三歲智慧」描繪裸女手持烏角先生。

日本春宮畫中的「烏角先生」。

摳了這半月，差不多要爛了，也不得好。」

花蕊說她會醫：「我時常也是這樣的，爺（指主人單于學）給了我個假屪子，搗一陣就好。」

十一、廣東膀

膀有手臂之意，廣東膀指廣東製造像手臂一樣的假陽具。清中葉之後，廣州成為對外通商之口岸，經濟發達，思想開放，娼妓群集而淫風特盛，假陽具成為當地之特產也就不足為奇了。清朝佚名作家《株林野史》一書第七回說：春秋時代陳國大夫儀行父與寡婦夏姬偷歡時，「又拿出一個東西，有四、五寸長，與陽物無異，叫做『廣東膀』⋯⋯。」這是清朝佚名作家把自己耳聞目睹、廣東出產的假陽具移花接木挪用到上古春秋時代的例子。

十二、廣東人事

廣東膀的另一稱法，字面的意思是指廣東出產的人造傢伙。晚清竹溪修正山人編撰的《碧玉樓》第九回，描

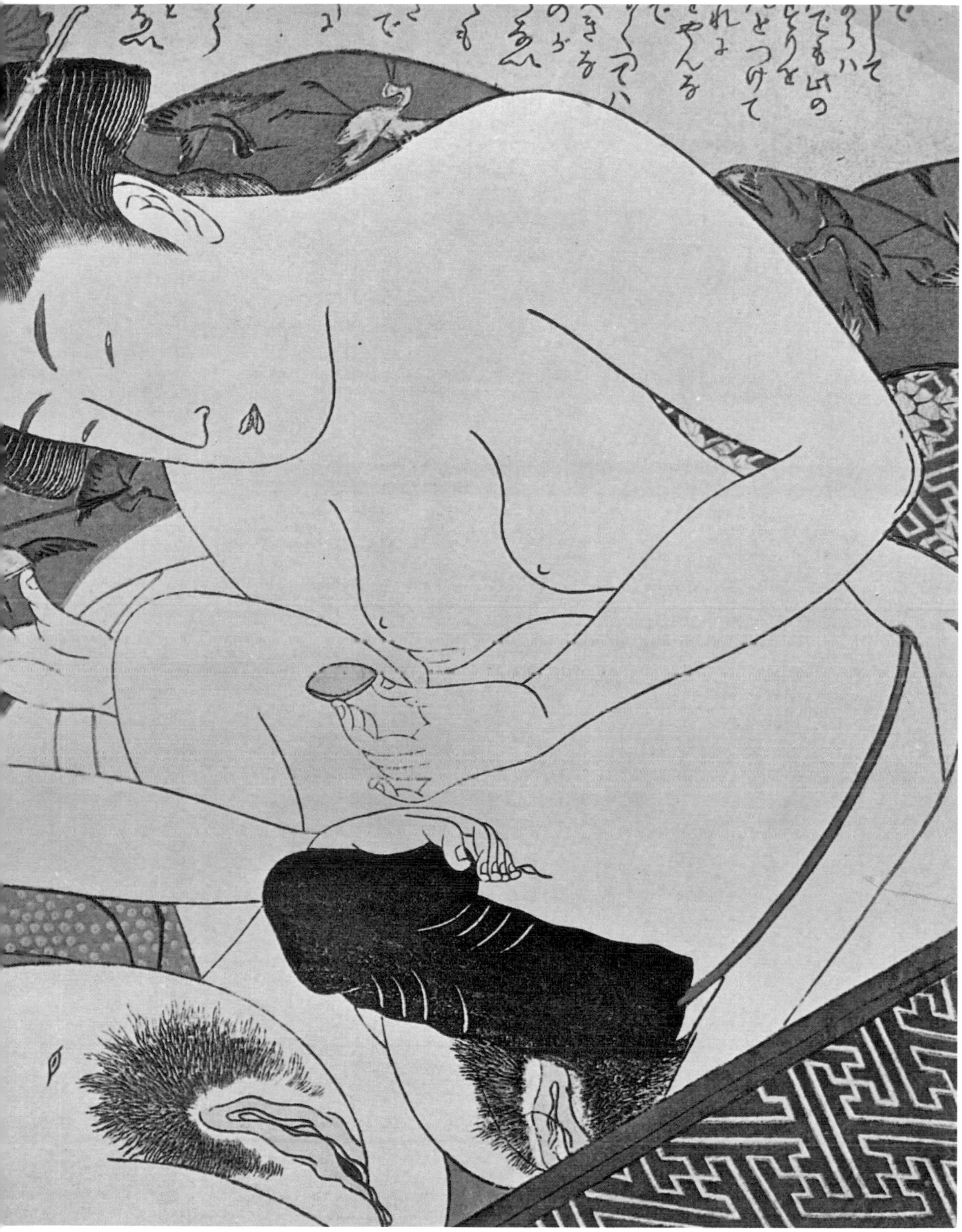

▌日人葛飾北齋的這張浮世繪（局部）充分說明了為什麼假陽具又叫做「烏角先生」。

述媒婆馮媽媽受託勾引獨守空閨的少婦張碧蓮時說：「我那時年輕乍沒了丈夫，成幾夜家睡不著，後來叫我買了個廣東人事，到想起丈夫來的時候，拿出來用用，便睡著了。」

十三、三十六宮都是春

是清朝時皇宮婦女對假陽具的諱稱。清朝佚名作家《風流和尚》一書第三回裡，敘述鎮江府城外大興寺住持淨海和尚假扮道姑，到財主鄔可成家勾引獨守空閨的鄔夫人說：「我那庵中住著一個寡女，是朝內出來的一個宮人，她在宮中時，哪得個男人如此（指男歡女愛）？內宮中都受用著一件東西來，名喚『三十六宮都是春』，比男人之物加倍之趣，各宮人每每更番上下，夜夜輪流，妙不可當……。」

十四、兩頭忙

專指長度增加一倍、兩端各有一龜頭造形的假陽具。

日本浮世繪大師葛飾北齋一八二六年《喜能會之故真通》艷本小說插圖，描繪兩女以假陽具「兩頭忙」行淫取樂的光景。

如果一女獨用時，握柄加長了，更便於持搗；如果兩女共用時，可同時忙著取樂，所以取名「兩頭忙」。

近人葉靈鳳《世界性俗叢談》一書中說：「我國從前的尼姑庵，相傳有一種很有趣的自瀆工具，可以由兩個有同性戀癖好的女尼同時使用，可以兩人同時獲得滿足，這是一種男陽形的東西，兩頭皆是如此，所以稱為『兩頭忙』。」

兩個女人以牝戶相抵相磨，古稱「磨鏡子」。因古時使用銅鏡，日久氧化著塵便昏暗不明，需重新磨亮，磨時鏡面與磨石相抵相磨，動作與女同性戀互以牝戶相磨很像；但「磨鏡子」只能磨表面，夾一根「兩頭忙」就彷彿真如男女交歡了。

十五、牛親哥

「親哥」是女子對情郎的暱稱，「牛親哥」不是情郎姓牛，而是指用牛尿脬做的假陽具，因為十分趁心如意，彷彿情郎。

清初人曹去晶《姑妄言》第十五回裡說：「一日，裘氏正悶坐得無聊之極，眉頭蹙著，嘆了兩聲，到堂屋中散步散悶，聽得春花、秋月、長舌婦三個嘻嘻哈哈頑成一處，走去一張，見她三個人都在地下滾。秋月按著長舌婦，笑說道：『春姐，妳在她腰裡搜。』春花果然在她腰裡去搜。長舌婦兩手摀著腰，不容她搜。……她三人見夫人來了，才放了手站起來。

裘氏問道：『妳們三個在這裡做什麼，滾在一處？』

春花指著長舌婦道：『她腰裡帶著個牛親哥，我們要看，她不肯，故此在這裡奪她的。』

裘氏不懂，問長舌婦道：『牛親哥是個甚麼東西？』

長舌婦笑道：『夫人不要聽她嚼蛆，哪裡有甚麼牛親哥？』

秋月道：『妳在夫人跟前還敢說謊？她先拿出來，我們都看見過了，這會兒又說沒有。』

裘氏笑著說：『妳兩個搜出她的來看。』

春花就一把抱住，秋月就向腰間去搜，長舌婦因夫人吩咐，不敢強，被她在鈔袋內搜了出來，遞與裘氏。裘氏見是尿脬縫的個扁東西，不認得是甚麼，說道：『這是做甚麼用的？怎麼叫做「牛親哥」？』

春花道：『我吹給夫人看。』接過來吹脹了，捏著根下硬邦邦的，笑道：『這是她的漢子，因是牛尿脬做的，故此叫做「牛親哥」。』」

牛親哥的製做方法，下面在談到用各種材料製做假陽具的專章裡還會詳述。

十六、樂樂棒

這是四十多年前電動假陽具初自日本傳入時，販售者所取的名稱。在民國六十六年冬天，筆者路過台北車站地下道時，在長長的走道邊，就有一個中年男子把電動按摩棒啟動開關後，放在地面上的一個鍋蓋裡，發出響亮的「噠噠噠」聲，在密閉的甬道裡音效特佳，響傳老遠，把行人好奇地勾引過去後，聽小販說：「這是來自東瀛日本的樂樂棒，可以按摩肌肉、鬆弛身心。」

「樂樂棒」一詞，現今倒很少人再使用了，用得最多的還是「按摩棒」或「電動按摩棒」。

清朝春畫描寫少婦以淫具自慰來增添閨中情趣。

第三講
手指也是性器官

清朝雍正年間春畫「窺浴」。

假陽具是指人工製造模仿男子陽具的物品，藉以達到真陽具所能提供的性歡愉；可是在人工製造的假陽具以外，還有一些天然的物品，不假修飾就直接能派上用場，同樣能給使用者提供真陽具或假陽具所帶來的性歡愉，這些陽具的天然替代品包括了手指、一切形似男陽的蔬果（如香蕉、小黃瓜、胡蘿蔔、茄子……）、器具（如擀麵棍、搗衣槌、啤酒瓶、蠟燭、念珠、天狗面具……）等等。這些天然的陽具替代物比人工製造的假陽玩具更早為思春婦女用來抒解性慾，在人造假陽具大量問世之後，它們也始終沒有被完全淘汰。在功能上，上述天然的陽具替代品也許比不上電動按摩棒或跳蛋來得刺激，但是如果礙於顏面不敢到情趣商品店購買假陽具時，相信這些天然的假陽具仍舊是女性自慰時的最佳選擇。

因為這些陽具的天然替代品比假陽具的歷史更悠久，至今也仍舊為人們提供性服務，所以在介紹形形色色的人造假陽具之前，得先談談這許多天然的假陽具。

日本畫家哥川國虎「男女壽賀多」浮世繪畫冊中的一圖「用手」。

本篇專說手指。

手指是陽具最早、最方便的替代品，從古到今、從台灣中國到世界各地都一樣，否則「比中指」也不會成為世界通行的猥褻動作了。單用中指或食指，或食指、中指並用，或中指，無名指並用，完全取決於個人之喜好；我還在日本A片中看過能一次同時吞下五根手指加手掌的女優呢。

日本畫家歌川國虎於一八二六年所繪的「男女壽賀多」浮世繪春冊中，有一幅「用手」，描繪一對夫妻在閨房中的一幕：情慾高漲的妻子一絲不掛地要老公履行作丈夫的責任，用腳勾著丈夫軟趴趴的陽具說：「死鬼，快點來呀，怎麼這麼不中用？你還是不是個男人？」一邊還伸手去拉丈夫要他趕快壓上來。

丈夫一付可憐相哀哀求饒說：「不是剛剛才玩過的嗎？怎麼現在又要了？妳饒了我吧！」

妻子說：「人家隔壁阿花的老公每天晚上都連幹七次呢，你怎麼這樣差勁、才幹一次就高掛免戰牌了？」

丈夫說：「那我用手好了，妳看，我整個手掌都塞進去了，在裡面又挖又搗，妳總該滿足了吧？」

其實，女人能生下偌大的胎兒，吞個拳頭又算得了什麼？陰道的伸縮彈性是很大的，你就不得不贊嘆上天造物之巧妙。

清人曹去晶《姑妄言》一書第二十三回裡，敘述南明大官毛羽健寵婢夭桃，誘導毛家十四歲的千金小姐手淫時，有如下一段對話：

> 夭桃道：「姑娘，妳後來嫁了人家，嘗著了（男女交媾滋味），才知道呢！弄慣了，渾身鬆爽，心窩裡那個快活的法，哪裡說得出？」
>
> 那女子道：「弄得可疼嗎？」
>
> 夭桃道：「就是頭一回有些疼，下次就不相干了。妳不信，先拿一個指頭摳摳看，頭一回有些疼，忍著些，到第二回就好了。摳熟了，用兩個指頭；後來又用三個，妳只多用些唾沫潤滑了，一點也沒事……。」

在夭桃誘勸之下，「她夜間果然將個食指潤濕了，忍著疼，將小牝摳挖，一連三、四夜，內中竟容下三指尚有餘，雖無大樂，也覺有些意味……。」書上說，為了方便自慰，毛姑娘還把十個尖尖嫩指剪得光光禿禿，以免戳疼了嫩肉哩。

清朝雍正年間，一位佚名畫家所繪的精緻春宮冊頁裡，有一幅畫題作「窺浴」，描繪夏日午後，一位頭戴珠翠的貴婦正跨立在紅木浴盆上洗澡，她除了肩披浴巾外，渾身一絲不掛，豐腴白嫩的肌膚性感動人，脫下的衣裙、斑竹羽毛扇和盛熱水的大紅提梁水桶散置於前，供坐浴的木板橫架在浴盆上，旁邊翠綠五開光細瓷坐墩上擱著一個托盤，托盤裡放著相當於今日香皂的豬胰子……，一切都描繪得十分細膩精確。更生動的是洗澡的貴婦因久曠思春，用左手撐在盆緣，右手探到私處，正用食指摳挖著陰戶，在那兒自慰呢。

如果全畫僅止於此，那也只是一幅普通的靜態春畫，更精彩的是她身後窗外有個色膽包天的男僕正在偷窺呢；不但偷窺，還把自身褲子全脫了掛在窗檯上，光著屁股準備一躍而入，用自家粗長的那話兒取代主母纖細的食指，眼看一場奴姦主母的逆倫好戲就要上演。這在古代可是天大的罪狀呢——古代法律的「姦非罪」（不當的強姦罪）

日人葛飾北齋「萬福和合神」中的一幀浮世繪，描繪思春婦人以手指挑弄陰蒂，流出許多淫水，擦拭的草紙散落一地。

規定，諸主姦奴妻者，不坐（無罪），諸奴姦主女者，處死；諸強姦主妻者，處死；諸奴與主妾姦者，各杖九十七；死罪加重了這幅畫的刺激性。由一幅普通靜態的春宮照片演變成宛如電影情節的場景，是這位佚名畫家的高明之處，而這一切的呈現全都肇始於手指兼具了陽具的功能，是思春婦女最方便的陽具替代品。

在筆記小說、戲曲歌謠中，也有不少關於女子以手自慰的描寫，像明末清初檇李煙水散人編著的《桃花影》第五回說明憲宗成化年間，蘇州寒山寺後有一尼庵，當家老尼法號靜一，另有一尼法號靜修，兩人不守清規，與一和尚淫亂。一晚，「和尚脫得精赤條條，那根麈柄粗滿一握，長有尺餘，先是靜一坐在醉翁椅上，放開雙腳，憑那和尚狂抽狠送，足有千餘，弄得死去還魂，無般不叫。……靜修在旁呆著臉看了一會，忍熬不過，先去眠倒榻上，自把陰門雙手揉弄……。」

女子看到或聽到別人正在做愛，發出淫蕩的響聲，忍不住春心大動、以手指自慰的畫面，在日本的浮世繪中也多有描繪。日本最偉大的浮世繪畫家葛飾北齋繪製於十九世紀二、三〇年代（確切時間學者看法不一，有人認為是

▍日本浮世繪大師葛飾北齋「萬福和合神」第七圖。

一八二一年，如林美一；也有人主張是一八三三年，如福田和彥）的「萬福和合神」畫冊（共二十七圖）中，就有三幅是描寫少女看到或聽到別人做愛忍不住以手指自慰的春畫。

畫冊第七圖描繪風流成性的富豪沢山屋有助半夜與妻子大須景敦倫時，跨坐在丈夫身上的大須景忍不住發出淫蕩的呻吟聲，吵醒了十三歲的女兒小實，小實好奇地悄悄爬到父母臥房外，隔著紙門偷聽，聽得春心蕩漾，很自然地就用手指去摳弄自己的私處了。

第十八圖描繪沢山貧窮的鄰居貧兵衛之女大津比為了改善家計，到青樓幫傭時，認識了有錢的尋芳客高杉飯別，成為高杉的情婦。當大津比到高杉的別墅與他交歡時，下女好奇偷窺，忍不住用手指自慰起來。

第二十六圖描繪大津比為高杉生了一子，兒子十七歲了，大津比也攢足了錢，退休了，過著優渥的生活，家裡還僱用了一個年輕的男僕，這男僕年紀雖小，陽具卻大，大津比如獲至寶，經常要男僕替她做特別服務。一天，兩人瘋了又瘋，搞得滿地都是衛生紙，做愛呻叫聲驚擾了隔壁沢山屋有助的女兒小實，從牆壁的縫隙偷窺過來，一看

▌日本浮世繪大師葛飾北齋「萬福和合神」第十八圖。

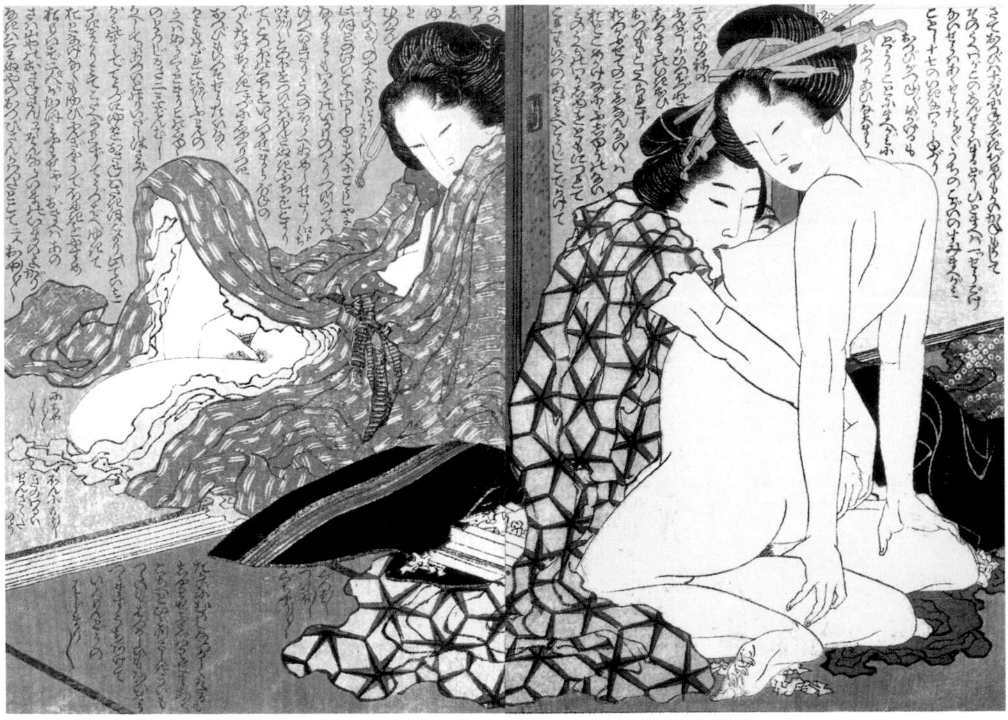

▌日本浮世繪大師葛飾北齋「萬福和合神」第二十六圖。

▍日人喜多川歌麿「繪本笑上戶」浮世繪「用手」，描繪穿灰色白條紋長袍的男子在與情人做愛前先用手調情。

就慾火焚身，又忍不住用手來自慰一番了。

上面這三幅浮世繪因為主旨在敘述一個情節、舖陳一段故事，所以必須把人物的全身都畫出來，充當假陽具的手指相對就小了，看得不夠清楚。另一位浮世繪爛熟期的大師喜多川歌麿很貼心，在西元一八〇三年繪製的浮世繪春冊「繪本笑上戶」（意指「快樂的嗜酒者畫傳」）也是二十七圖的最後一圖中，特地繪了一幅女子以手指自瀆的

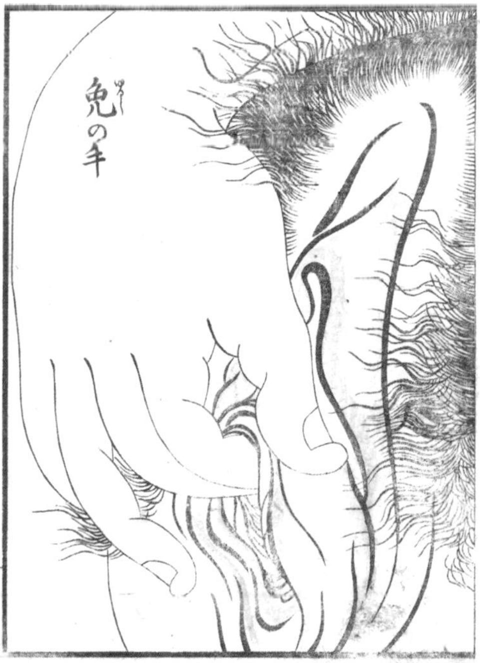

▍日本畫家喜多川歌麿「繪本笑上戶」第二十七圖「手淫特寫」。

特寫圖，說明手指的這種特殊功用；歌麿真是個可愛的畫家。

思春的女人在身邊缺乏男人時，用手指充當陽具去撫弄私處以滿足情慾，是不學而能、自然就會的事情，西方性學研究者金賽博士的《女性性行為》一書說：「在我們所調查的女子中，約有百分之六十二的女性曾有過自慰行為，約有百分之五十八曾因此獲得高度的快感。」相信東方的女性情況也差不多，只是缺乏大規模的、精確可靠的調查罷了。但我相信，就算認真調查，也不見得就能得知真相，許多保守的中國女性，就算打死她，她也不會承認自己是用手指自慰的愛好者。

我只知道崔鶯鶯是將手指充當陽具的一個例證，因為在《西廂記》裡描述張生與鶯鶯初次幽歡時，她曾唱道：「昔日曾經自弄它，今宵悉從他人弄。」一位家教嚴謹的大家閨秀尚且如此，其他人也就可想而知了。可惜古代中國儘管有許多傑出的仕女人物畫家，卻缺少像日本葛飾北齋、喜多川歌麿那樣思想通達的藝術家，用平常心來看待性愛和手淫。因此，我們只能看到一位佚名畫家描繪紅娘把崔鶯鶯連推帶拉地送到張生面前，準備讓張生初嘗軟玉溫香的滋味；接下來「春至人間花弄色，柳腰款擺，花心輕折，露滴牡丹開」的情景，中國畫家便不畫了；他當然也不可能為我們畫一幅崔鶯鶯用手指自弄的春畫，作為本書的珍貴插圖。

真是可惜呀！手上空有這麼優秀的人物畫技巧，腦袋卻完全僵化了。

所以我才會忍不住要誇喜多川歌麿是位可愛的畫家。

清朝佚名畫家《西廂記》插畫，描繪紅娘（最右）帶領崔鶯鶯私會張生情景。花是女陰的象徵，兩人授受定情禮物玫瑰花，充滿色情暗示，彷彿在說「昔日曾經自弄它，今宵悉從他人弄」。

第四講

蘿蔔茄子女人最愛

形狀長得像男人陽具的蔬菜瓜果種類很多，像蘿蔔、茄子、黃瓜、香蕉等等，都是思春婦女最佳的自慰工具；它們價格便宜，購買方便，沒人會用有色眼光看前來購買這些瓜果的婦女，買回去後愛怎麼吃，悉聽尊便，也不會有人知道，真是最自然、最大眾化的陽具替代品，在古今中外，一直是許多久曠婦女的最愛。

以下就擇要逐一介紹這些長得像男人那話兒的瓜菜水果。

一、蘿蔔

蘿蔔表皮粗糙，形狀不一，可以挑選出粗細大小近似男陽者以供女性自慰，尤以胡蘿蔔最為理想。

清初姑蘇痴情士《鬧花叢》第二回說：明朝孝宗弘治年間，南京應天府上元縣宦家子弟龐文英與已逝劉狀元之女玉蓉相戀，至劉府幽會偷歡。次日清晨，丫環秋香送龐公子悄悄從後門離去，回到花廊下時，突然聽到老媽子房中傳來淫聲浪語，還以為老媽子偷人，躡手躡腳靠近一看，才發現老媽子正拿著蘿蔔自慰呢：「原來是一根光溜溜去皮的蘿蔔，約有五寸多長，一般也把腳兒擱起，兩手捧著蘿蔔，放入在內，急急頂送…。」

清朝雍正八年序刊的《姑妄言》第十一回中也說：南明奸臣馬士英之妻蹇氏淫蕩成性，丈夫無法滿足她，便常以蘿蔔自慰：「雲貴有一種土產的黃蘿蔔，粗細雖與胡蘿蔔相等，卻長得一尺。她每日買兩根粗大的，刮得光光滑滑，留為夜間取樂之具，每到那得趣的時候，呼曰『黃心日人溪齋英泉「偶言三歲智慧」浮世繪版畫，描繪慾女欲持蘿蔔自慰。

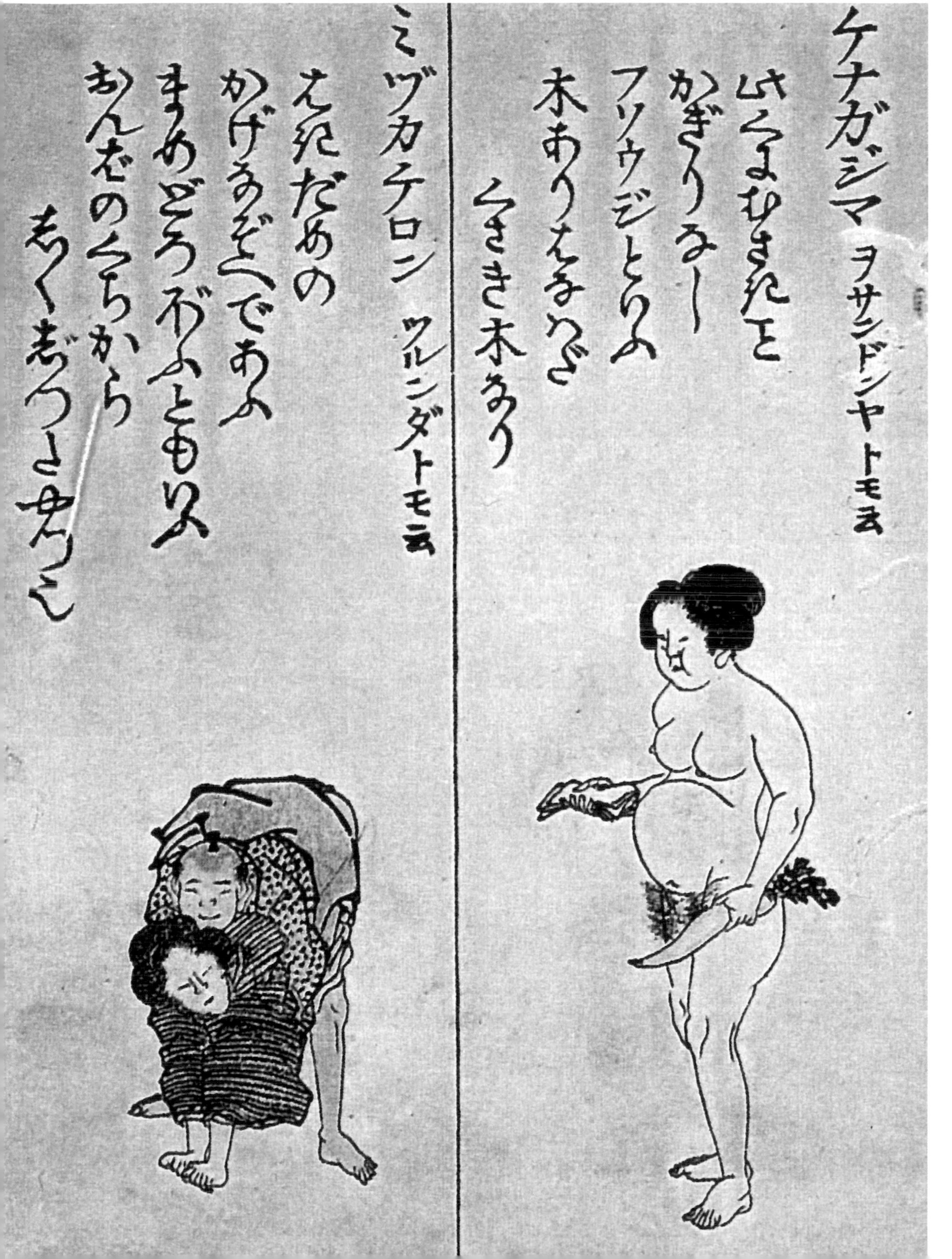

肝』。黔（貴州）中天氣暑熱，這蘿蔔四時不斷，她守著這姓黃的假夫，倒也不生他想。」

在日本浮世繪畫家溪齋英泉創作於文政期（西元一八一八至一八二九年）的「偶言三歲智慧」中，有一幅畫全裸中年婦人見男女交歡，便手持一根白蘿蔔打算自慰，她右手還拿了一疊草紙，預備事後擦拭之用。

二、茄子

茄子軟硬適中，粗細恰當，也是女性自慰時很理想的工具。清朝乾隆五十一年（西元一七八六年）序刊本《笑林廣記》卷六有一則「納茄」的笑話說：

> 有個婦人白天睡午覺，沒穿內褲，被人惡作劇把茄子塞到牝戶中，迅速溜走。婦人醒來發覺，當街破口大罵不已。鄰居聽了對她說：「這件事情又不光采，還是別說了吧。」
>
> 「不是這樣說。這回塞了茄子不罵他，下次冬瓜、葫蘆便一齊塞進來了，不罵行嗎？」婦人悻悻地辯道。

從這一則笑話可見，茄子是婦人自慰時的理想工具，自少在尺寸上比冬瓜、葫蘆要更適當些。民初人徐珂在《清稗類鈔》書中說茄子出產於大陸北方者多扁圓，南方的多卵圓或長圓；當然只有長圓的茄子比較好用，看來用茄子自慰還是江南和閩南婦女的專利呢。

晚清福建侯官人林琴南在《畏廬瑣記》中說閩南話「茄」讀音近似「橋」，與男人陽具的別名相同，所以在婦女面前，講到「茄子」時，都要避諱改稱「紫菜」（紫色的菜）。茄子形狀似男子陽具，用閩南話唸時又容易誤聽成在說男子的性具，這真是個有趣的巧合，讓茄子在眾多形似男陽的瓜果中特別引人注目。

閩南人避諱說「茄」就跟北方人避諱說「雞巴」一樣，菜市場雞販若對顧客說：「太太，過年了，買隻雞吧？」保證會惹來一頓白眼。

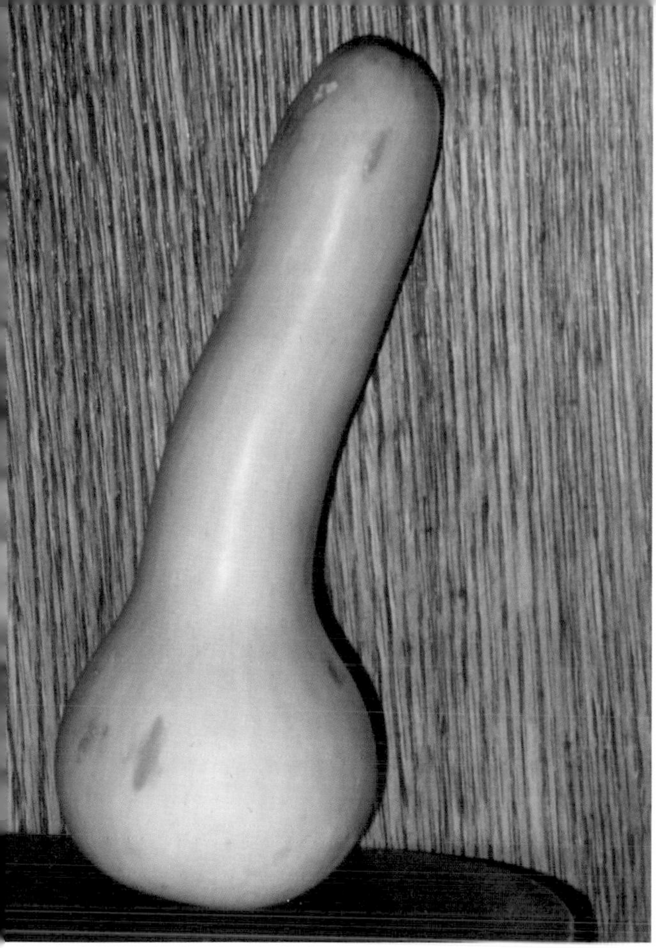

三、葫蘆

前面那則笑話講到葫蘆也可充當淫具，但是得挑選，因為它的形狀不一，有些是派不上用場的。

清朝初年揚州有個秀才黃文暘，寫過一本《葫蘆譜》，可惜這本書我沒看過；我也是揚州人，對葫蘆恰巧也知道一些，說說我知道的葫蘆。

作者曾經在市場買到的假陽狀葫蘆。

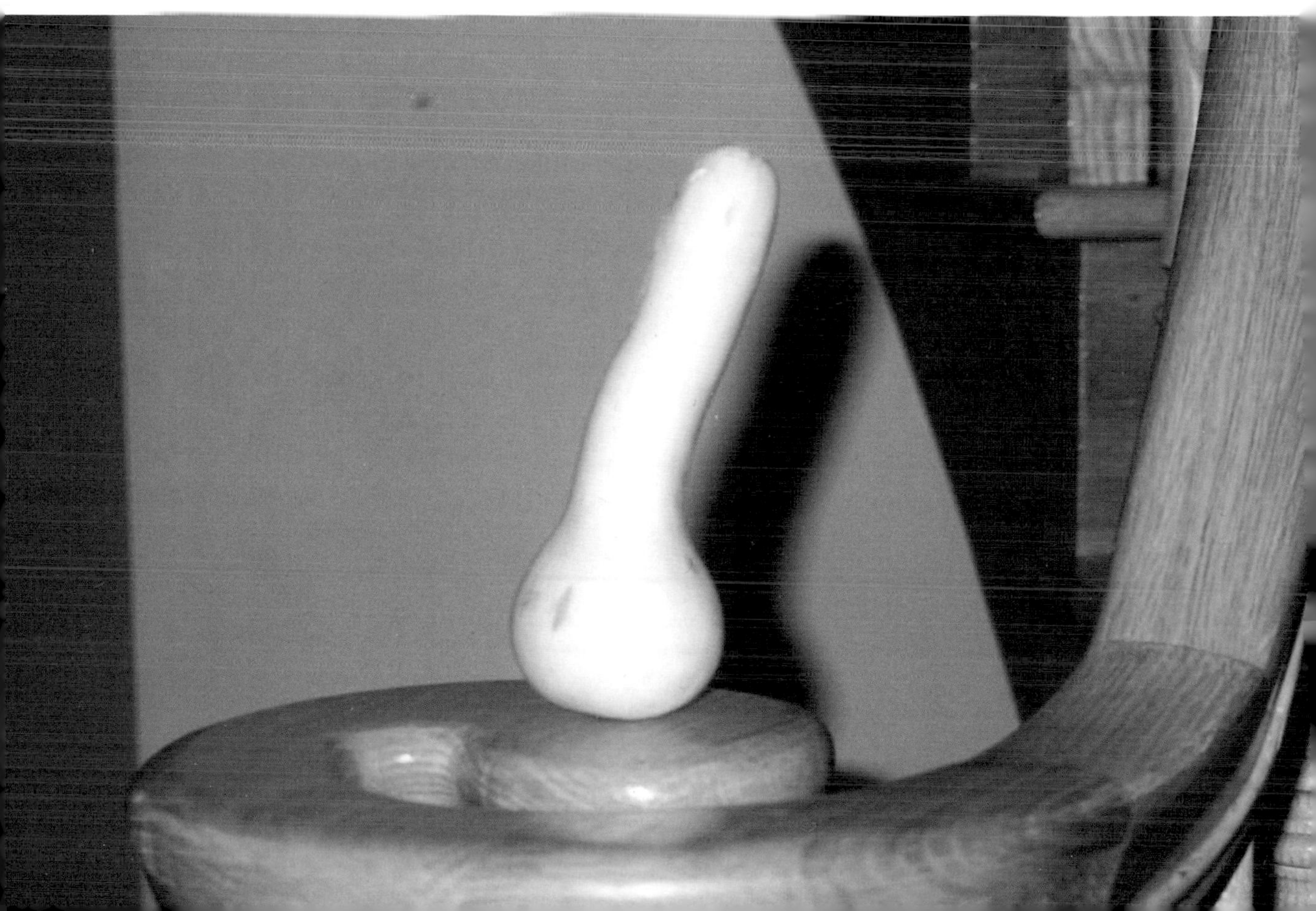

葫蘆種類不一，形狀各異，上下一樣粗圓的稱「瓠子」，下扁上圓有短柄的稱「壺」，下扁圓上帶細圓長柄的叫「懸瓠」，無柄只一個扁圓肚子的叫「匏」，上小圓下大圓中細腰的叫作「蒲蘆」或「壺盧」，台灣人則統稱作「瓠仔」。

葫蘆嫩時統統可吃，煮湯快炒剁餡包水餃皆宜；在枝上擺老了，晒乾後用途不一，可裝酒裝水裝藥裝碎銀子，可直剖為二作水舀子（水瓢），可掛在牆上置於案頭作吉祥的擺飾，還可以塞進自慰女性的下體充當假陽具。

口說無憑，有圖為證。十年前四月下旬，我在加拿大蒙特婁市場上買到一個來自墨西哥的懸瓠，形狀與男子陽具絕似，大小也差不多，上端直徑是歐美男子陽具的尺寸，用中國古書上的講法，用手一握而不能合，從頂端到底部長度為二十一公分。實在太像了，我拍了好幾張照片留念，可惜它是未熟時摘的，沒法保存，放了兩個多月後就爛掉了；若當初留在枝頭晒乾，就可製成壺盧而永久保存，成為很實用的一根狎具。

四、香蕉

香蕉也是形狀酷肖男陽的水果，以至於一般女性都不敢在人前宣稱她愛吃香蕉，怕引起誤會；淑女在公眾場合吃香蕉時，也要刻意地在把皮剝開後折一小段、一小段地送入口中，不敢以口就蕉地咬，怕引起不雅的聯想。

一九六五年香港唯性史觀齋主撰寫的《慾海異聞錄》一書中，有一則「氣功」說：香港半山某大廈中的色情俱樂部有一半老徐娘擅長表演氣功，在眾客面前將一根沒有剝皮的大香蕉塞入下體，稍一運氣，香蕉已斷成兩截，斷口齊如刀削。這雖是表演，也說明了香蕉因形似男陽而具有供女性自慰的功用。

五、黃瓜

黃瓜的尺寸大小不一，從直徑一、兩公分到四、五公分都有，長度也從十幾公分到二、三十公分皆備，適合所有想自慰的女性，都可以各取所需。在日本A片中，常見男優戲將各種蔬果塞入女優下體狎弄，小黃瓜是必定出現的道具之一。早期的電動按摩棒多半做成小黃瓜之形，而不是模仿男陽的龜頭、龜稜皆備，一方面固然是因為早時風氣保守，可免購買者尷尬，另一方面也說明了小黃瓜造型的陽具替代品是大多女性偏愛的樣式，可以勾起她們早先以小黃瓜自慰的青澀甜美回憶。

小黃瓜的形狀和尺寸都跟男陽太像了，因此兩者常被人混為一談，也混為一用。清朝時一首流行的俗曲〈摘黃瓜〉，說一個新婚女子在自家菜園裡摘黃瓜時，老情人闖進來要重敘舊歡，女子堅決不肯，情郎就用蠻力強姦，拉拉扯扯到最後時，「（情朗）腰裡掏出伊里根答（一根傢伙），不長不短一尺七八，活把奴嚇殺；說是黃瓜沒有刺，說是瓠子沒有開花，脖子底下兩個疙瘩（睾丸）……」把男陽說成是沒有刺的黃瓜，那說黃瓜是帶刺的男陽又有何不可？帶刺才刺激呢！俗曲題作〈摘黃瓜〉，一語雙關，尤具畫龍點睛之妙。

前引唯性史觀齋主《慾海異聞錄》上，也有一則用黃瓜充當假陽的軼事，題作〈瓜菜〉，說六〇年代初，香港有個藝術家，家貲鉅萬卻陽具短小，令妻子心生不滿，面對滿桌的山珍海味時，卻常嘆氣說想吃齋。有一天，藝術家偶經市場，看到菜攤子上擺著一堆小黃瓜，忽然醒悟說：「老婆常說想吃齋，莫非是要吃這個嗎？」就買了兩根回去，拿給妻子看。妻子看了只是笑，問她笑什麼？她笑得更花枝亂顫了，最後才說她從小就愛吃黃瓜，最好是生吃。

藝術家便把黃瓜洗乾淨，上床伺候老婆吃黃瓜，老婆吃得贊不絕口，還說：「下次先沾點沙拉油，我要吃黃瓜沙拉，那就盡善盡美了。」從此之後藝術家在閨中事半功倍，魚水和諧。有一回他跟朋友喝酒，醉後說溜了嘴，這事才曝光，大家聽後都笑翻了天。

清朝初年時安徽桐城派古文大師方苞在文壇上是個嚴肅剛正的人物，主張文以載道，說文學就是要替古聖先賢作宣傳，不應該寫些像晚明小品那樣油腔滑調或無病呻吟的東西，不應該空靈浪漫。可是方苞也有浪漫的一面。有一年夏天，方苞與好友戴名世到郊外散步，見絲瓜滿架、荷葉盈池，戴名世忽有所感，戲吟道：「架上絲瓜懸綠屌」；方苞也才思敏捷，立刻接吟下句說：「池中荷葉捲青屄」。當時兩人看到的是絲瓜，如果是小黃瓜，換成

「架上黃瓜縣綠屌」又有何不可？

小黃瓜真是曖昧猥褻的瓜果啊。

六、鎖陽

方苞與戴名世的故事還沒有完。有一年暮春，野地苜蓿遍開著黃花，許多婦人正蹲在地上用小鐘子掘取金花菜，兩人詩興大發，方苞先說：「苜蓿開黃花」，戴名世續云：「佳人地上扒」；方又說：「早知屄就地」，戴結尾道：「遍地種雞巴」。這才真是才子不羈，名士風流啊。

方、戴兩人遐想聯翩，可是人世間真有「遍地種雞巴」之事。元末人陶宗儀在《輟耕錄》卷十中，有一則「鎖陽」說：韃靼（蒙古）北地上，野馬與蛟龍交合，遺精滲入地表，時間久了，就會長出一種上粗下細、遍布鱗片，筋脈連絡，形狀很像男子性具的植物，古稱「鎖陽」，有些類似中原出產的壯陽植物肉蓯蓉。有些婦女常跨蹲其上而自慰，鎖陽得到女人淫津的滋潤後，長得又快又壯，當地居民掘起洗淨去皮，薄切曬乾，當壯陽藥材販售，據說功效比肉蓯蓉強上百倍。

鎖陽這樣好用，可惜只產於漠北，成了漠北婦女自慰時的專利品，中原人不但沒聽見過，當然也就更不可能用過它了。

七、玉米

去皮的玉米棒子很好用，因為整根的表皮呈顆粒狀，進出牝戶時可以產生最大的歡愉。

玉米原產於中南美洲，在明代中葉才移入中國，但未受重視，種植有限，一直到清代中葉才開始推廣，成為乾旱地區（如貴州）最主要的糧食作物，因為種植的晚，在古代情色文學，筆記小說中，我沒有找到女性以玉米棒來自的慰的記載；但是記得在六〇、七〇年代女權主義高漲時，在美國曾有一個案例，一名婦女與丈夫不合，打算離婚，上法院控告丈夫性虐待——在做愛時用玉米棒插入她的下體。法官明鏡高懸，問婦人被告在使用玉米棒時，是很粗魯的插入還是溫和漸進的插入？婦女回答說是後者，法官就判定性虐待不成立。由這個案子也可見玉米棒子真可以是女人自慰時的假陽替代品之一。

八、香腸

香腸也可以是男人陽具的替代品，因為它的形狀尺寸很難不引起人們的聯想。四、五十年前筆者住在台北市一處眷村，每到快過年時，家家要灌製香腸，灌好後要掛在竹竿上拿出去晾曬風乾，到除夕時才有好吃的臘味香腸可大快朵頤。家家罐製的香腸粗細長短不一，媽媽們就以此互相嬉謔說：「你們家的好粗」、「你們家的好長」、「你們家的是彎的，還出油呢」……，音容笑貌至今如在目前。

古時婦女真有性飢渴到沒辦法，用香腸來自慰的，清初人曹去晶《姑妄言》第二十四回裡說：寡婦郝氏自從丈夫竹思寬死後，難耐孤寂，心中老想著「那一段人肉」，就叫兒子去「買了一根牛大腸並五斤牛肉來，她在房中將牛肉剁爛，把臟頭取了有尺餘長一段，把肉塞上填緊，約有碗口粗大，用線紮好，…吊在屋後簷下沒日色處（風乾），…過了十數日，那腸子漸漸縮小，粗只鍾口（小酒杯口徑），長約一尺（三十公分），比竹思寬的物件還略肥壯些。郝氏喜道：雖比他的大些，料道也還容得，再要狠乾了，未免太硬，過於小。遂取了下來，晚間到了床上，脫光仰臥，兩足大蹺，就拿那腸子對著陰門往裡搗……。」

照郝氏的辦法，今日超市賣的熱狗，全都可以借用來充當那話兒了，真方便呀，還要男人幹嘛？一笑。

礙於顏面，至今仍有許多保守的單身女性不敢獨自逛情趣用品店購買電動按摩棒，那麼，像上述的胡蘿蔔、小黃瓜、香蕉、茄子一類酷似男人性具的瓜果就依然是她們自慰時最便利的陽具替代品。給妳一個貼心的建議，在使用之前，最好先套上一個保險套，不但沒有滑潤的問題，在衛生上更理想，安全上也更保險，萬一不小心夾斷了，也可以輕易地拉出，不會要尷尬丟醜地上醫院找醫生幫忙。

第五講 搗衣槌不止是洗衣工具

清中葉紙本春畫「偷窺」描繪婦女偷看別人行淫，忍不住摘下髮簪自弄下體的光景。

俗話說「病急亂投醫」。女性在久曠思春，慾火中燒到不行時，眼前身邊任何細細長長有幾分形似男陽的東西，都會拿來往那裡塞進去，於是髮簪、搔杖、扇柄、傘柄、筆管、蠟燭、搗衣槌、橄麵棍……，都成了止癢解渴的陽具替代物；以下逐一介紹之。

一、搗衣槌

唐朝詩人李白有一首〈子夜吳歌〉題作「秋歌」說：「長安一片月，萬戶搗衣聲，秋風吹不盡，總是玉關情。何日平胡虜，良人罷遠征？」說一片月光映照著長安城，千家萬戶，到處都傳來搗衣聲；秋風吹個不停，總是讓人思念著邊塞玉門關；那一天才能掃平胡寇，讓丈夫解甲還鄉呢？

古時沒有洗衣機、洗衣粉，洗衣時都把髒衣服帶到溪邊，先用溪水浸濕了，搓些搗碎的皂莢（皂角樹的莢果，富含胰皂質，可滌垢膩），再用搗衣的木棒就著溪邊大石邊洗邊打，可省搓揉之力，搗一陣子後，把衣服在溪水中漂漂就乾淨了。

搗衣的木棒一頭大、一頭小，有兩種尺寸可供選擇，又沒有疲軟之弊，是理想的男陽替代品；那麼多男人都到邊疆去打仗了，獨守空閨的妻子久曠思春，用搗衣槌自慰也是人之常情。清初曹去晶在《姑妄言》一書中，很天才地把李白「秋歌」頭兩句詩改動了一個字，成為「長安一片月，萬戶搗屄聲」，這一改可說是意料之外，情理之中，令人拍案叫絕，而丈夫不在家的婦女們，當然也只能用搗衣槌來搗屄了。

古時思春婦女以搗衣棒充當假陽不只是合情合理的推測，還有圖文資料作証。

《姑妄言》第二回裡說有個嫖客上妓院與老鴇郝氏敘舊，雲雨之時嫌郝氏陰戶太寬，託言要撒尿，下床來，「燈影之下見床側有一個捶衣的大棒槌，笑著拿了上床，又爬上肚子，將那棒槌對了陰門，兩三搗送入大半……。」把搗衣槌大的一頭塞進去，真是謔而又虐了。

清朝咸豐、同治年間的一幅絹本春畫「姊妹一夫」，描繪一絲不掛梳大辮子（表示未嫁）的妹妹，仰躺著舔姐姐的牝戶；梳漢妝平三套髮式、穿藍色袍褂的姐姐，則一邊吞吮著丈夫（或情郎）的陽具，一邊手持搗衣槌搗弄妹

清朝中末葉絹本春畫「姊妹一夫」，圖中姐姐以搗衣槌搗妹妹的私處。

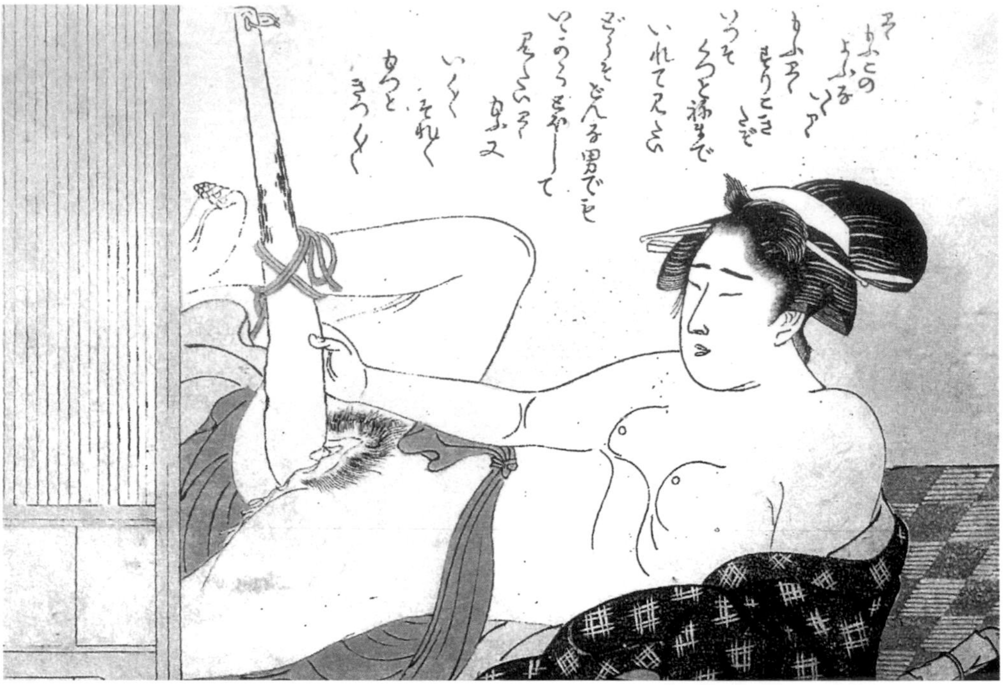

日本浮世繪大師喜多川歌麿在一八〇三年刊「繪本夜密圖婦美」中的一幅「木槌」，描繪婦女以搗衣槌自慰。

妹大張的陰戶；一絲不掛、坐在青瓷圓墩上的男子，則眼盯著妹妹，手捧著姐姐的頭臉，怕她一個閃失弄痛了他嬌嫩的性具，兩女一男的淫亂忘形讓整個畫面充滿了冶蕩的激情。

日本浮世繪大師喜多川歌麿在一八〇一至一八〇三年間所繪的「繪本夜密圖婦美」冊頁中，有一幅「木槌」，描繪思春女子將搗衣木槌繫在小腿踝上，動手動腳地自慰解渴，也鮮活地說明了搗衣槌的功用不僅僅只有捶搗衣服而已。

二、擂槌

擂槌和擂缽是一組用具，一般是石頭製或銅、錫製品，也有木製的，那就要選花梨、紫檀或酸枝一類的硬木。擂缽似臼，一般如飯碗大小；擂槌似男陽，大小粗細也與男子性具相彷；把蒜頭、花生米、花椒粒等物放進擂缽裡，用擂槌搗它，就成了蒜泥、花生粉和花椒粉，可以充當烹調之佐料，所以一般人家的廚房裡都備有擂槌和擂缽。開豆腐店需要石膏粉點豆漿凝結成豆腐，也會備有研

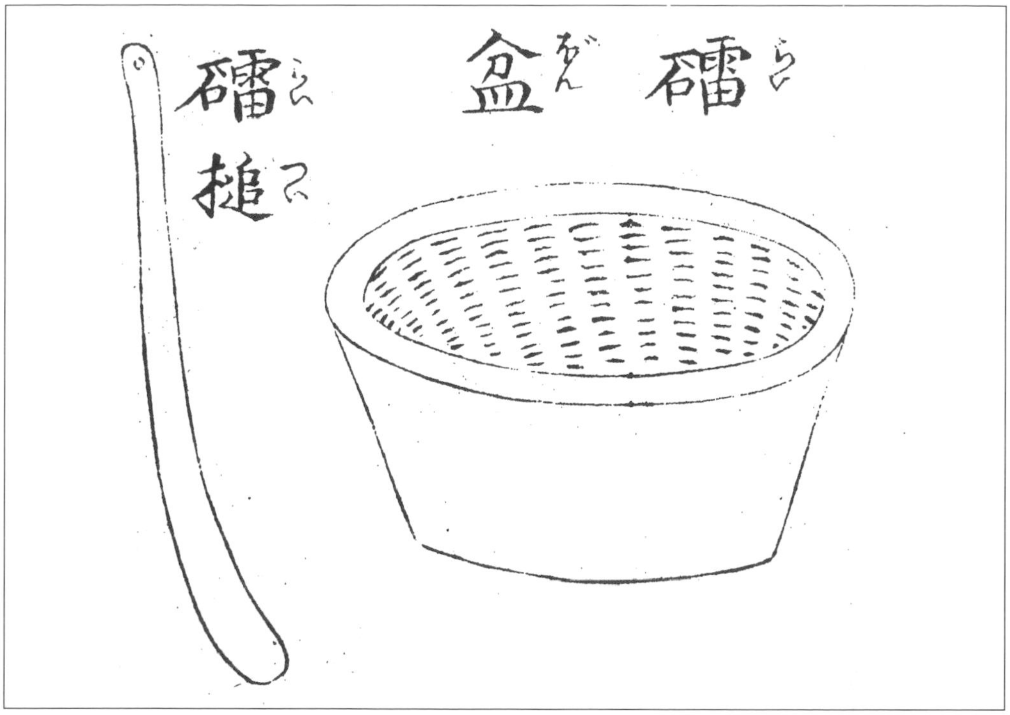

清朝時民間使用的擂槌和擂缽（出自《清俗紀聞》一書）。

搗石膏的擂槌、擂缽，中藥材鋪有時要搗碎桂皮或草果，擂槌和擂缽也是必備之物。因為擂槌的長短粗細更近似男陽，又是許多人家廚房必備之物，當女人有性愛需求又缺少男人相伴時，很自然地就會想用擂槌來救救急。

清朝乾隆刊本《笑林廣記》卷六〈閨風部〉中有一則「擂槌」說：

> 有一對夫妻開著豆腐店，半夜敦倫時，妻子嫌丈夫那根東西太小。丈夫一賭氣，就下床到外頭把研搗石膏的擂槌拿到身邊，摸黑塞進妻子下體。妻子吃了一驚說：「你剛剛出去吃了什麼藥，把雞巴弄得又粗又硬？可是外頭天氣和暖，你怎麼又把雞巴凍得冷冰冰的？」

看來，豆腐店的擂槌是石頭磨製的。

清人曹去晶《姑妄言》第四回裡，也提到一根用花梨木製成、搥癢用的棒槌，被性飢渴的女子拿去搗弄牝戶，想把陰門撐大些，容得下大屌情人的性具：「火氏……忽見壁上掛著兩個搥癢的花梨棒槌，有鵝蛋大小，比蛋略長

清朝雍正年間春畫「求歡」，圖中婦女手握鵝毛扇，扇柄末端屈起似男陽。

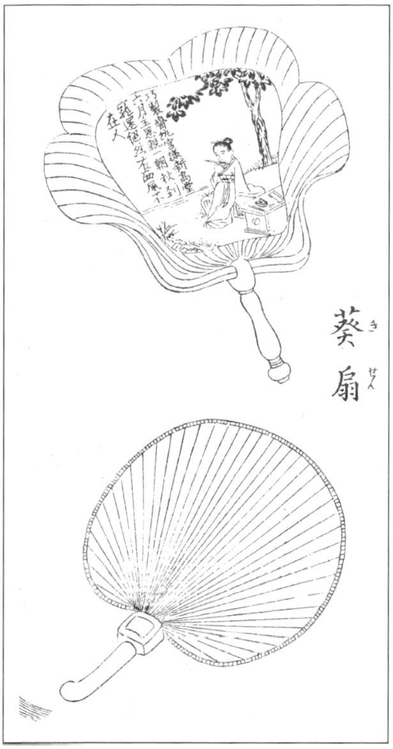

左　清朝中葉時日本人繪刻「清俗紀聞」版畫，葵扇的柄頗似男陽。
右　婦人頭上的髮簪和手中的扇柄都可充當假陽具來自慰（日人）喜多川歌麿一七九七年繪「持團扇的女人」。

些，一個大指粗的把兒，忙起身取下一個來，用手箍了箍，道：『這個與他的差不多粗細，若這個弄得進去，他的也就弄得進去了。』遂用許多的津唾，將棒槌潤濕，自己的陰門內外也用上許多，仰臥著，蹺著腿，揸得開開的，拿著往裡塞，雖覺有些難入，卻不甚痛，想到料不妨事，手腕用力往內一送，一下攮了進去，似乎微有疼意，摸時已全然入內，只剩個把兒在外。……她擺弄了一會，有些火動，就拿那槌兒一出一進的抽……。」把木製擂槌尺寸形狀、婦人使用時的方法姿勢都描述得細膩傳神、如在目前。

三、扇柄

在沒有冰箱、冷氣空調的古代中國，扇子是炎夏時驅暑搧熱的必備工具。扇子從材料分，有絲綢製的紈扇，多半給富貴人家的婦女使用；也有鵝毛編的羽扇，是軍師諸葛亮喜歡持用的；民間百姓多半用葵葉編的葵扇、芭蕉葉編的蒲扇或竹篾編的竹扇。

扇子多半有柄，以便於握持揮搖，許多扇柄的形狀、長度都近似男陽，雖略嫌細些，仍是缺乏男性安慰的婦人們方便的假陽替代物；尤其扇柄的末端往往有一粒稍大的圓珠以作裝飾，並用來防止扇柄自手中滑脫（有時柄梢雕製成屈起狀，功能相同），就更像男陽的龜頭了，讓使用扇柄自慰的女性感覺更真實些。

四、麈柄

麈音「主」，是一種比鹿還大的鹿科動物。三國兩晉時，人們聊天時喜歡手持用麈尾毛編的麈尾——拂麈來揮趕蒼蠅；隋朝時的宰相楊素，身邊就有一位美女張出塵，持紅色拂麈時時替主揮趕蒼蠅，後來紅拂女慧眼識英雄，主動投奔了初唐開國勛臣李靖。

拂麈的握柄稱「麈柄」，它的末端也有個比柄更粗大些的圓珠，使麈柄看起來很像男陽，以致於後人在不好意思講「雞巴」時，就稱「那話兒」（那根東西）或「麈柄」。像《金瓶梅詞話》第二十七回裡，西門慶與潘金蓮「醉鬧葡萄架」時，「西門慶先倒覆著身子，執麈柄抵（潘金蓮）牝口」；讀到此處時，當然不可誤以為西門慶用揮趕蒼蠅的拂子柄端去戳潘金蓮的下體，而是持舉陽具準備入港。可是男陽既可冒稱為麈柄，那麈柄當然也可以混充男陽來使用了。

五、髮簪

髮簪、髮夾是女人頭髮間固定髮型的工具，簪子比髮夾更粗長些，頂端還有裝飾。因為細細長長的，有時候也被飢渴思淫的女人拿來權充陽具自慰。

在一套清朝中葉的紙本春宮畫冊中，有一幅題作「偷窺」，描繪一個身穿綠色長袍的婦人，聽到屋裡傳來異聲，便好奇地從門縫往裡偷窺，只見床帳搖晃，金蓮高舉，不是正在「妖精打架」嗎！看了半天，婦人慾火猛升，忍不住把一隻腳擱在圓瓷墩上，張開胯間，從頭上摘了根簪子，往自己牝戶塞進去，真是「無魚，蝦也好；無屌，簪也好。」

在日本浮世繪畫家溪齋英泉於一八一八至一八二九年

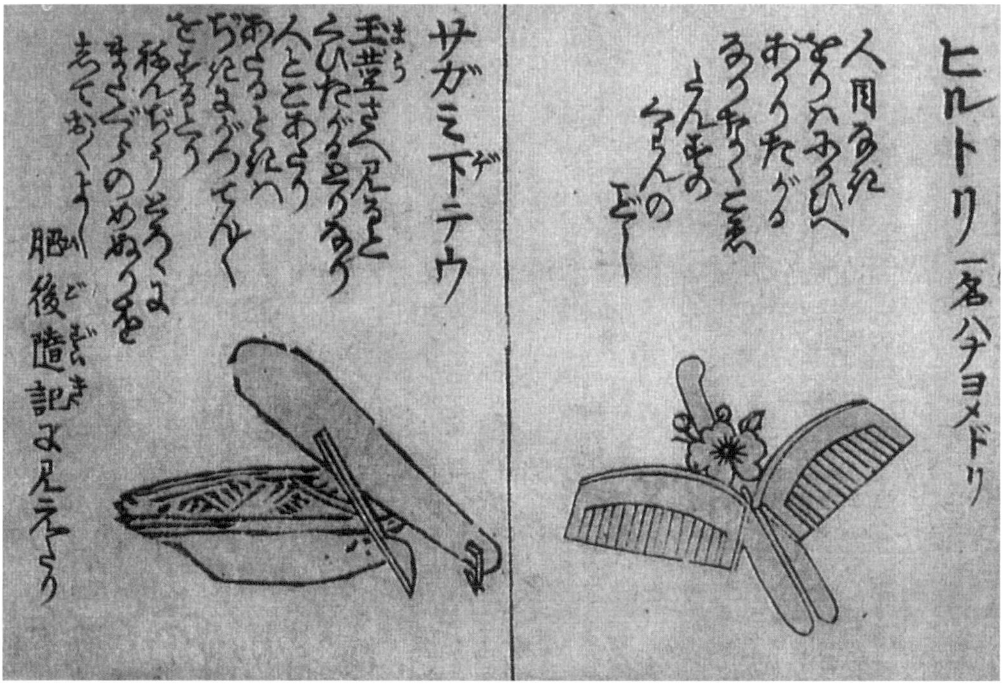

日人溪齋英泉「偶言三歲智慧」版畫，左為擂槌和擂盆，右為髮簪和梳子，擂槌和髮簪皆是婦女自慰時的道具。

間所繪的「偶言三歲智慧」冊頁中，有一開跨頁，右邊是髮簪和兩把梳子，左邊是擂槌和擂缽，其中的簪子和擂槌都是古代女人常用來自慰的假陽替代品。

六、髮夾

現代婦女比較少用髮簪了，但是取而代之的髮夾也一樣承襲了髮簪替代陽具的功能，成為許多自慰女性拿來刺激牝戶的工具。

英國性學大師靄理士（Havelock Ellis）在《性心理學》第三章第五節「手淫」中說：「在一般文明社會人口中間，日常用品的變作女子手淫工具，卻是一件十分尋常的事。雖屬十分尋常，而一般人並不覺察的緣故，乃是因為這是帷薄以內的行動，除非出了亂子，非請教外科醫生不可，才會暴露出來。……就外科手術的經驗而論，從陰道和尿道裏所鉗出來的物件，其數量之大、種類之多，卻已足夠驚人了。特別普通而值得提出的有：鉛筆、棉紗捲子、髮夾、蠟燭、軟木塞子、細長形的酒盃等。女子陰道與尿道中取出的物件，十分之九是手淫的結果，經過這種手術的女子，大概以十七歲到三十歲之間的為最多，外科醫生並且往往在膀胱裡找到髮夾的蹤跡，因為尿道普通是一個強烈的發慾中心，一經刺激便很容易把供給刺激的外物吸到裏面，而髮夾的形狀全部細長，一端圓滑，偶一失手，又極容易掉落進去——在女子的裝飾品裏，髮夾是最順手的東西，在床上休息的時候，它也是唯一順手的東西。」（見民國三十年潘光旦譯本，一一七頁）

我在耳朵癢時，會找一根髮夾來掏耳朵，順便利用它的圓頭把耳屎夾帶出來；沒想到它不但是男人止癢的工具，也是女人止癢的好幫手，只是在使用時千萬小心，別陷到陰戶裡面取不出來，那可就糗大了；還是老辦法，在髮夾外面套個保險套，使用時就保險多了。

七、花瓶

靄理士說英國女子愛用細長形的酒盃充當自慰的道具，三年多前，我在加拿大蒙特婁假日逛跳蚤市場，花台幣十元買到一個細長頸帶圓形底座的茶褐色花瓶，是用手工吹玻璃製成的，造形奇特，有一種說不出的美感，像極了男人的睪丸和勃起的陽具。它通高二十三．五公分，略去底座頸長十六．五公分，口徑呈橢圓，長徑是三公分、短徑二．二公分，用手握著底座，把長頸往牝戶裡送，也是件很好用的假陽道具呢。

八、天狗面具

日本有一種天狗面具，是兒童的玩具之一；可是天狗神長著長長的鼻子，恰似男人勃起的陽具，於是它也成了大人的閨中玩具之一。

在一九六六年德國慕尼黑出版的《世界性學百科全書》（四冊）中，有一幅日本的浮世繪，描繪淫邪的天狗神意欲強姦婦人，婦人用右手抓緊了祂的長鼻子拼命抵抗。

在日本浮世繪畫家歌川國虎於一八二六年繪印的「男女壽賀多」冊頁中，也有一幅「童心未泯」，描繪母親拿小兒的天狗面具自慰，被返家的丈夫（或陌生的登徒子）從窗外窺見的尷尬場面。

上述種種原本不淫的淫具反映出思春女子的豐富創

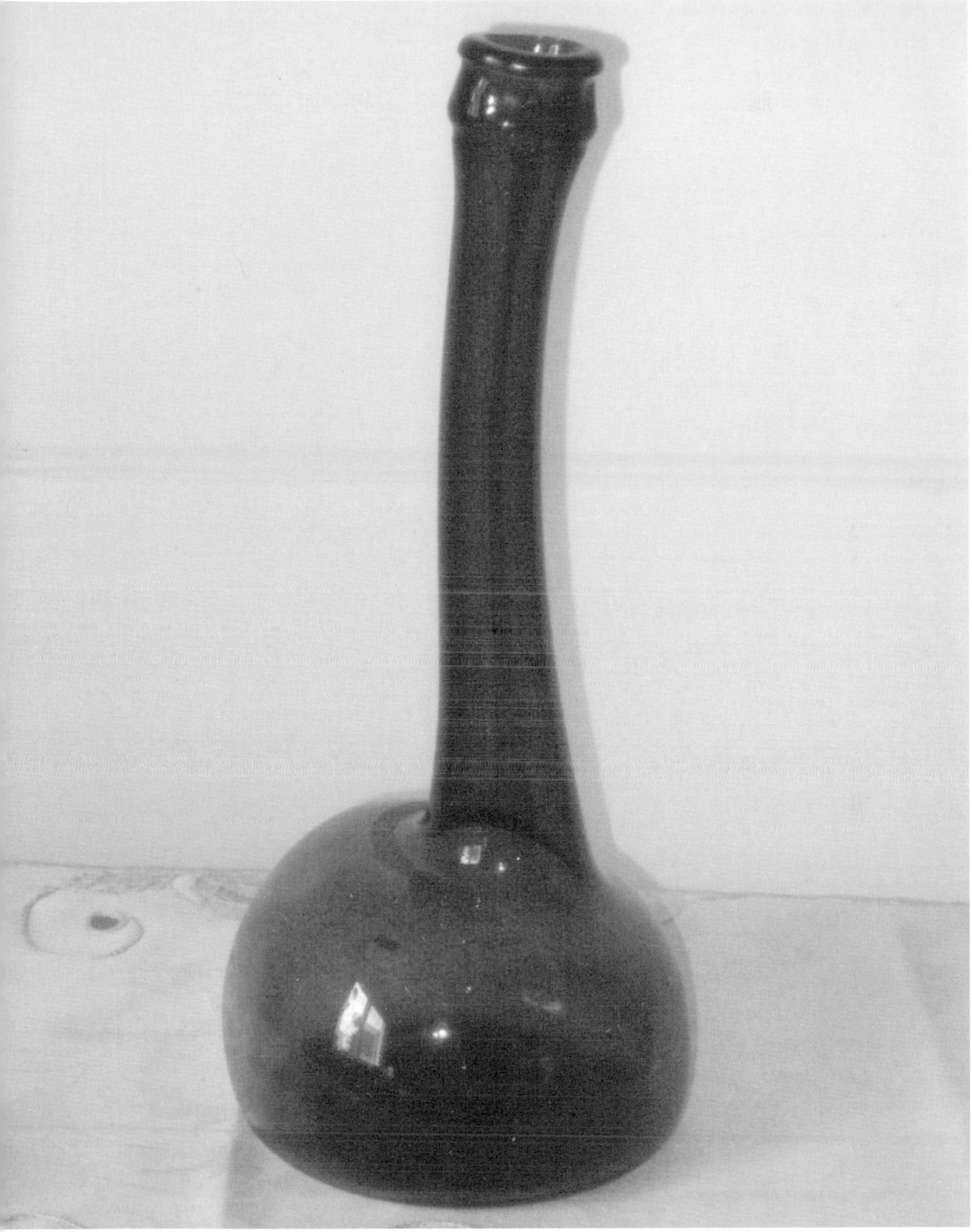

手工吹製陽具造型的小花瓶，可供插花，也可插入「花」中。

日本歌川國虎一八二六年畫「男女壽賀多」浮世繪中，久曠思春的少婦以兒子的玩具天狗面具自慰，引來登徒子的覬覦。

意，讓人訝嘆女人牝戶的包容性；但是時代在進步，古代五花八門的天然陽具替代物畢竟比不上現今的電動按摩棒那樣刺激好用，被逐漸淘汰也是必然的下場。

▌日本浮世繪「天狗神強姦婦人圖」。

第六講
五花八門的人造假陽具

清朝中葉春畫「姦戲」，三女狎玩的是一個頭的假陽具。

喜歡看日本A片的朋友們都知道，日本性工業在成人玩具這一塊領域的研發，已到了日新月異、匪夷所思的境地，就以電動按摩棒而言，除了在造型、震動力度和軟硬度上精益求精外，連使用方式也力求盡善盡美，出現了上翹形假陽，專門刺激女性陰道的G點、帶座型電動假陽，架設在仰躺女子股間，可以不勞玉手費力扶持，還有將假陽安裝在電鑽的鑽頭上，男人在使用時彷彿持槍衝鋒陷陣，殺得女性哀哀求饒、好不威風……。

在古代中國，人造假陽具的造型和質材，也一直是變化多端、不一而足，絕對不是一般人想像，用木頭或牛角、鹿角刻一根男陽形狀的東西就算完事了。

先就形制而言，人造假陽具大致可分一個頭、兩個頭和中空式三種類型。

一個頭的假陽具最原始，它就老老實實地模倣男人的那根東西，雕造成一根男陽替代品，把它放入女子牝戶中，以便發洩情慾。在古代中國春宮畫中，女性大多是手持這一類的假陽具來自慰。

清朝中葉的一幅春畫，題作「姦戲」，描繪大戶人家的三位姬妾，因為主人內寵過多、分身乏術，便設法買了一根假陽具來自力救濟，一人仰躺翹腿，一人在旁扶持，一人在下手持假陽往牝戶搗弄，三個女人就如此輪番戲玩假陽，玩得不亦樂乎。

兩個頭的假陽具比一個頭的長，兩端各有一龜頭，中國人稱它作「兩頭忙」，因為可讓兩個女人同時享用；日本人則稱之為「兩頭蛇」或「互形」。兩頭忙當然也可以只供一女使用，把另一頭充當握柄就是了。

在日本浮世繪畫家溪齋英泉創作於西元一八一八至一八二九年間的「偶言三歲智慧」畫冊中，就有一圖題作「兩頭蛇」，描繪一全裸女子將一根兩頭的假陽具塞了一半進入私處，另一半裸露在外，兩頭忙的中央有一圓圈，畫分楚河漢界，以免一方吞吃過多撈過界，引起糾紛。

溪齋英泉在稍後又繪製了「天之浮橋」畫冊，其中有一幅描繪三名獨宿婦人以假陽（日人稱為「張形」）戲弄取樂。一人以一個頭的假陽具繫在腳跟，手拉綁在小腿上的布帶來回抽送，另外兩人則彼此兩股相湊，共同夾用一根兩頭忙，相持不下，互惠雙贏。

第三類中空式的假陽具，目的有二：一是可以套在陽痿男子的性具上，加強硬度；二是在中空部位灌入熱水、

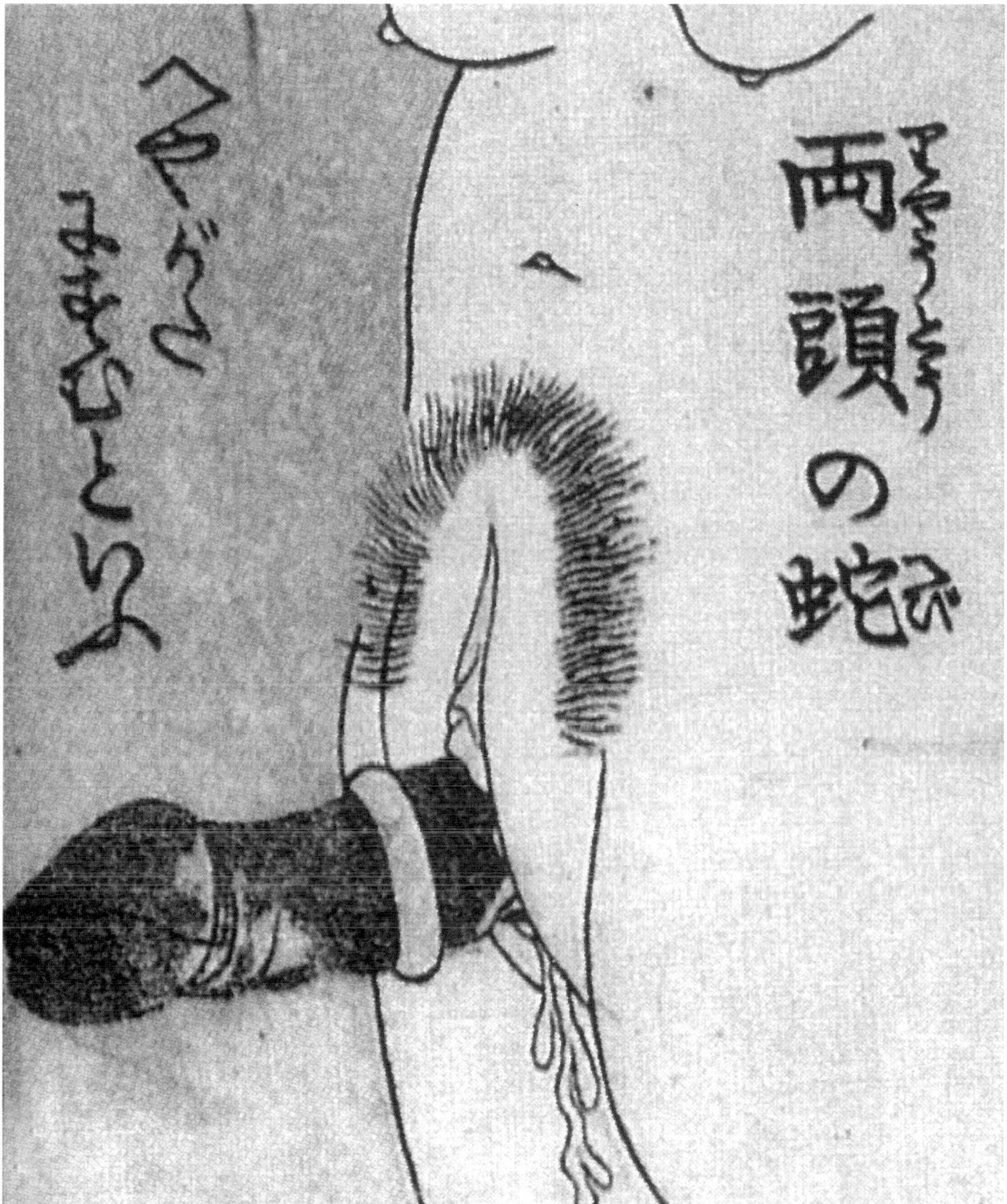

日人溪齋英泉「偶言三歲智慧」中的「兩頭蛇」版畫。

日人溪齋英泉「天之浮橋」描繪三女以一頭及兩頭之假陽取樂。

再塞上塞子，使用時就更舒適貼心了。

中空灌水式假陽具多半是銅或錫的金屬製品，大約出現於十七世紀中葉，也就是明末清初之際。當時中國人用錫製成扁壺入熱水外纏布巾，可抱在懷中或放入被窩以供冬天取暖之用，相當於今日之暖水袋，稱作「湯婆子」，腦筋動得快的人，就把假陽具也製成中空式，灌入熱水，讓婦人在冬天裡自慰時也不會嫌它冰冷而不好使用。這可以說是從使用者的立場來思考，將假陽具的品質做了極大的改進。

最早提到中空灌水式假陽具的是明末清初人李漁，他在《肉蒲團》第十五回裡形容動過外科手術使陽具變粗變大的男主角未央生「抽到後面果然越弄越大、越幹越熱，竟像是個絕大的角先生，灌了一肚滾水塞進去的一般。」李漁的本意原在誇贊未央生的陽具如何又硬又熱，卻在無意間告訴我們當時已出現了可以灌熱水的假陽。

在日本早期浮世繪畫師西川祐信的一幅版畫作品「灌水」中，我們看到一名跪坐的中年婦人手持中空式假陽，從裡面抽出一個袋子，準備交給她面前的婢女；婢女從火盆上拎起一壺熱水，要往袋子裡灌熱水，再紮好袋口、放回假陽中。這幅珍貴的浮世繪可說是《肉蒲團》提到的灌熱水式假陽具的最佳圖片証明，刊載於一九六七年德國出版的「*Die Erotik Im Fernen Osten*」（《遠東色情藝術》）。

書中，可惜原書以黑白印刷，未能盡情展現西川祐信原畫秀麗柔美的風貌，讓我們可以把這種革新先進的改良式假陽具看得更清楚些。

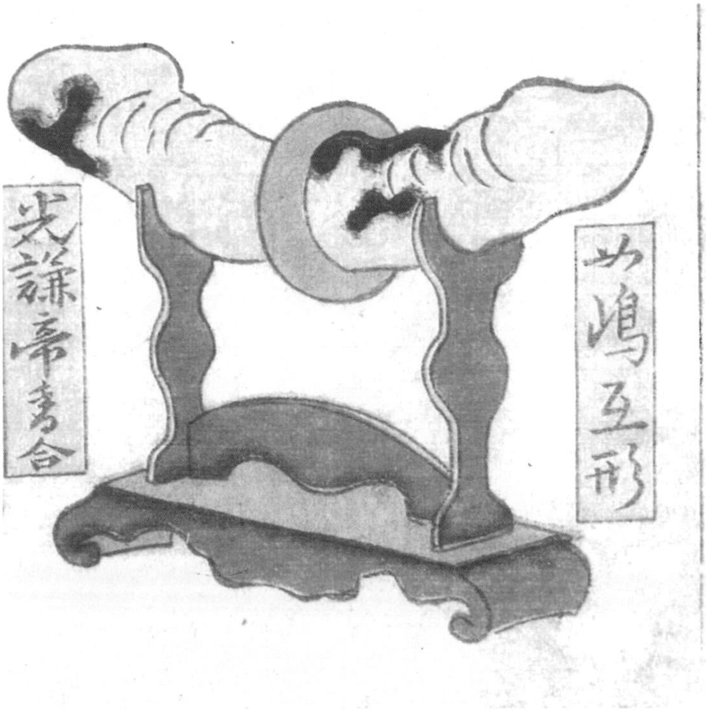

▌日人葛飾北齋浮世繪「萬福和合神」中的雙頭假陽具「女嶋互形」。

▌日人葛飾北齋浮世繪「萬福和合神」中的中空式假陽具「小乙女針方」。

日人西川祐信浮世繪版畫「灌水」。

西川祐信生於西元一六七一年，卒於一七五〇年，他師承浮世繪開山祖菱川師宣和吉田半兵衛，在五十年的創作期間留下了兩百種以上的作品，影響了後來以抒情纖美、色彩柔艷的錦繪創作者鈴木春信、奧村政信、石川豐信等人，這樣一位承先啟後替錦繪奠基的早期浮世繪名家為假陽具的演進史留下一幅珍貴的史料性圖片，讓我們對他半個世紀勤勉不懈的繪畫生涯產生了更高的敬意。

西川祐信的浮世繪「灌水」約繪製於西元一七一六至一七三五年間，比中國文字記載提到的灌熱水假陽具大約要晚八十年；是不是中國人從灌熱水的湯婆子獲得靈感，把郭先生也改良成灌熱水的形式，再流傳到日本去的呢？

我不知道。

我不知道灌熱水的假陽具是不是中國人獨自發明的，因為中國在十七世紀中葉出現這種改良式假陽具之前，歐洲已先有這種設計了。

近人葉靈鳳《世界性俗叢談》中有一則「男子偽器」說：「模仿男子生殖器形象的這類東西（稱「偽器」），於歐洲文藝復興初期在意大利開始流行，因為那時候的貴族階級過著奢侈放浪的生活（這種情形與中國明朝萬曆中期——西元一六〇〇年以後相彷，也就是《金瓶梅詞話》一書的時代背景），後來才由意大利傳入法國。據說在十七世紀的法國，已經有玻璃和天鵝絨合製（玻璃管假陽外罩天鵝絨）的男子偽器出售，這東西愈製愈精巧，已經進步到外附一枚中空的膠質小球，內充熱牛奶，用者在最緊要關頭用手指輕輕一按，便可替代男子那種最神秘愉快的頂點動作（射精）。」

歐洲在十七世紀已有可注入熱牛奶的中空式假陽，會不會是明朝中末葉時西洋傳教士把它帶入中國，成為奢華淫樂的士大夫階級（如李漁之輩）在閨中與妻妾交歡時的「祕密武器」呢？而日本在十八世紀二、三〇年代出現的灌熱水假陽具會不會也是由西方傳教士直接自歐洲輸入日本的呢？

當然也有可能。

還有一種說法：中空形可注熱水的假陽具是阿拉伯人發明的。葉靈鳳《世界性俗叢談》中，有一則「外國兩頭忙」引證外國學者鮑曼教授的意見說：「中東國家的女性，由於風俗習慣，那些有同性戀傾向的婦人，……除了同性戀的互相吮吸和摩擦以外，她們又懂得使用一種烏木或象牙製的男陽形工具，有時是一端有頭的，有時則兩端皆有頭，後者可以由兩個婦人同時使用，其中並中空有孔，注入熱水，在必要的時候可以洩射出來。……這種東西是阿拉伯人的發明物，有時不限於同性戀者使用，因為阿拉伯從前盛行多妻主義，後宮的妻妾眾多，雨露難遍，她們只好用這種東西來自慰。」

中空灌熱水的假陽具一直到清末民初都在大都市的洋貨鋪或西藥房中販售，可見它們的確是外國泊來品；為掩人耳目，還特地取名為醫療用品「子宮保溫器」。

民初人姚靈犀《思無邪小記》書中，有一則提及此事，並且頗不以為然的加以批評說：「子宮保溫器係靭皮所製（大概就如同今日暖水袋之紅色厚皮橡膠），長六寸多、有稜有莖，很像男人的陽具，下端有個大圓球，形如睪丸，球底有螺旋銅塞，內部中空，把熱水灌進去後，旋緊塞子，整根都溫暖無比。賣者宣稱可治療婦女子宮寒冷、不能受孕的毛病，可是客人買回去後，大多當假陽具來使用。賣方的說詞其實是為了規避警察的取締重罰，試想子宮寒冷哪能靠外物去溫暖它？陰道內受此溫暖之具刺激，誰能把持得住而不加以動搖抽送呢？這真是巧立名目啊！」

姚靈犀能作詩填詞，他在文末填了一首〈高陽臺〉調的小詞，來吟詠婦女使用這種紅色厚橡膠製的中空式可灌熱水假陽具的光景說：

> 杵號紅霞，莖承白露，嫁人情味偷嘗，驀掩瓊閨，金盆試罷蘭湯，被中自啟葳蕤（指假陽）鎖，喜熱中洩透春光，儘銷魂，不滅宮砂，不褪蜂黃（意指用後不留痕跡、不為人知）。宛然桴鼓（像鼓槌）誇紅玉（梁紅玉曾為丈夫韓世忠擊鼓助威大敗金兵，此處一語雙關，又說假陽似紅色玉杵），更催花迸雨（指可噴射熱水），別樣顛狂。手倦拋梭（指假陽），閒將鈿尺私量，桃源早讓漁篙入，只良宵難隱檀郎（指此事瞞不過情郎），但消他爐鼎初溫（陰戶已先讓子宮保溫器溫暖了），好煉元霜（可藉口說暖鼎方便男女交合時的採補修道）。

這樣貼心設計的假陽具，似乎在今日街頭巷尾的情趣用品店裡已找不到了，原來古人的生活享受也有今人難以企及的地方呢！

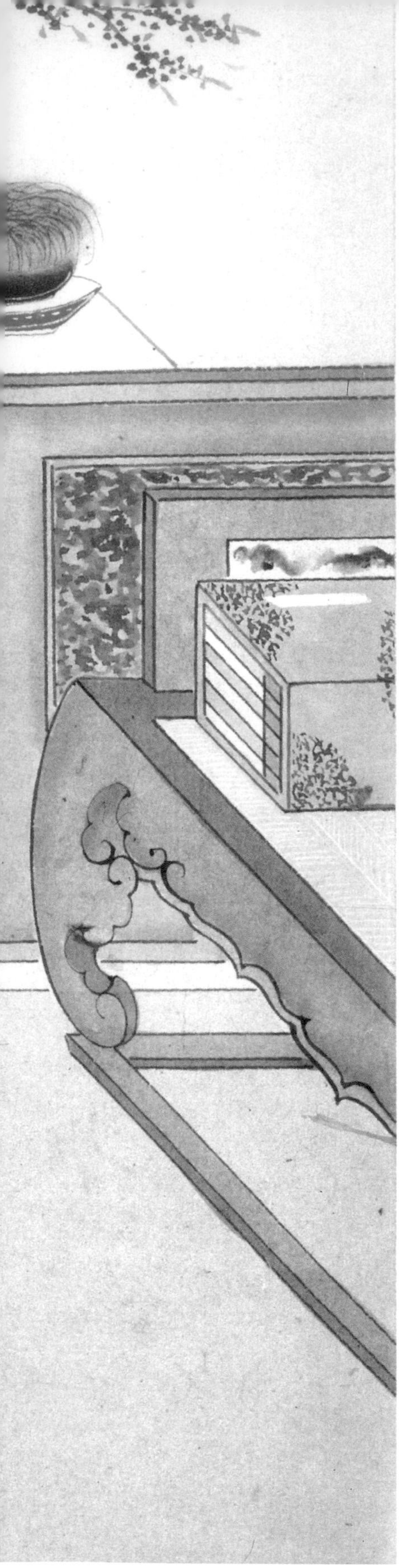

清中葉佚名春畫，丈夫自藥舖重金購得假陽具，回家驕其妻妾，小妾好奇把玩，妻子卻羞怯欲躲。這根假陽具的軀幹作波浪狀，中空可灌熱水，尾端有紅繩圈以便拉拔，設計十分用心到位。

第七講
哪種假陽具最好用？

從古到今，假陽具的製做材料有著繁複的變化。今天人們可以買到的，大概全屬於塑膠或橡膠製品，而在顏色、硬度、造形和功能上求新求變；在古時候，假陽具除了造形、功能的不同（如第六章所述）外，在製材的挑選也是各出奇招、各擅勝場，花樣多得令人嘖嘖稱奇、嘆為觀止。

以下就按質材的不同，略述古代中國的各類假陽，並就其功能效果稍作品評，以訂其優劣。

一、木雕假陽具

這可能是全世界最古老的一種假陽具，可是因為木材比石頭容易腐朽，所以現存的木雕假陽年代比石製假陽要

清朝紫檀木雕假陽具。

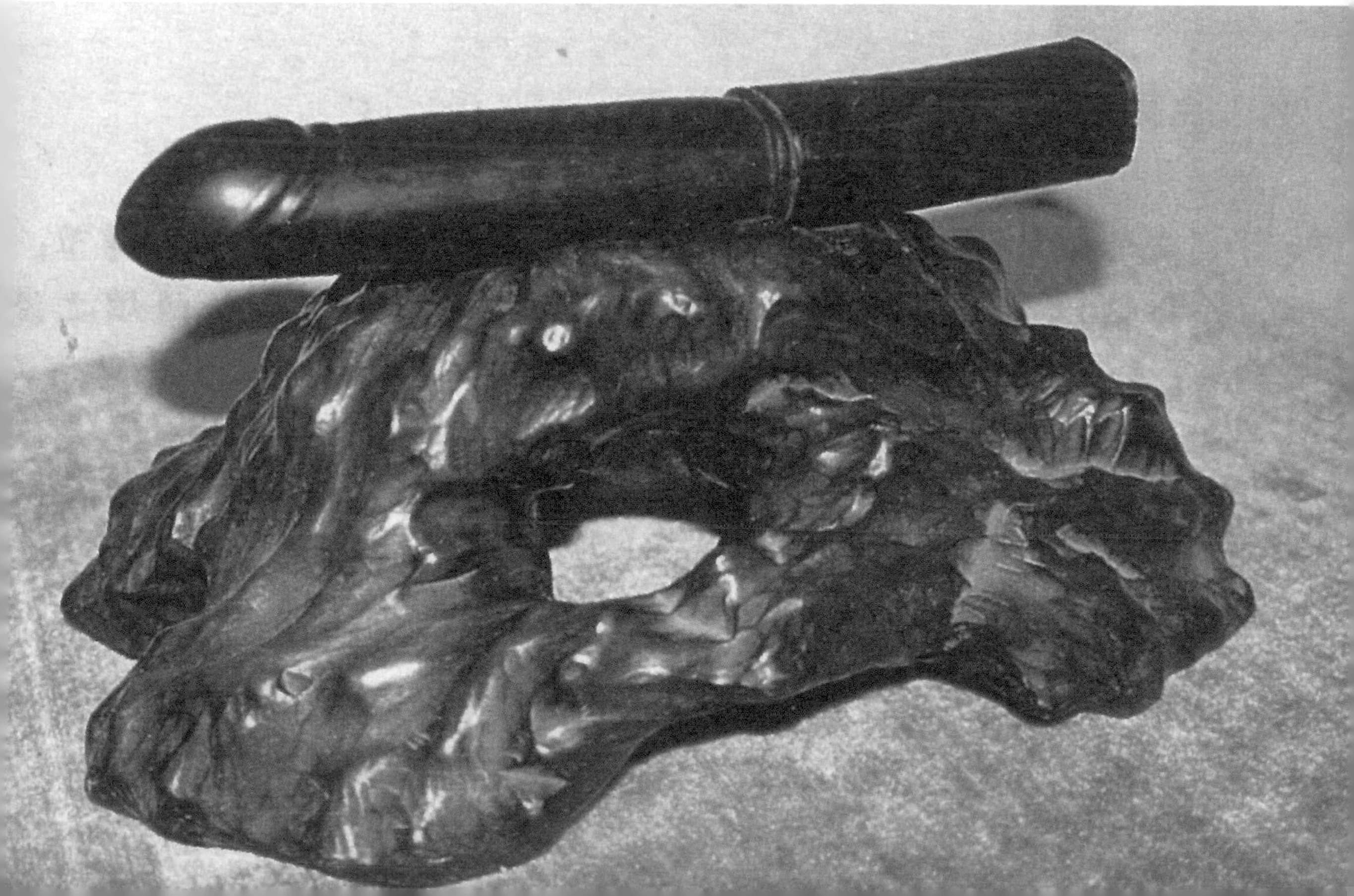

晚得多；若以製做的難易度來看，木雕製品顯然比石雕的要容易，當然應該比石雕假陽更早出現世間。

我們在近人劉達臨『中國情色文化史』一書中，看到他收藏的一根清代紫檀木雕造的假陽，下端為四方形的握柄，上端為仿陽具的圓柱形，龜頭、龜稜都如實雕刻，並打磨得十分光滑，是很理想的男陽替代品，輕巧實用，耐磨耐操，色澤紫紅近黑，更平添了異國風味之感，讓使用者在狎玩時可以浮想聯翩。

日本也擅長用檜木雕造假陽，雕刻成垂手拱立的老壽星的模樣，而把壽星的頭拉長，於是老壽星的身體彷彿睪丸、頭臉成了陰莖，有的還將頂端略加刻飾，就更像龜頭了。

東南亞的印尼巴里島以雕刻烏木工藝品著稱，製做精美，價格低廉。他們也雕刻像迷你圖騰柱似的假陽具供觀光客選購，買回去怎麼用，就悉聽尊便了。

二、石雕假陽具

目前存世最古老的假陽具是石頭雕製的，在歐洲德國

甘肅出土距今約四千年前的石製假陽具。

南部出土，據考證已有兩萬八千年的歷史，屬於舊石器時代的產物，詳見第一章所述。

中國的石雕假陽也很古老，在甘肅曾經考古發掘到距今約四千年的石雕假陽具，雕製成英文字母的P字形（圖見第一章），難道四千年前的甘肅人就已經知道P是英文Penis的縮寫嗎？一笑。

用石頭磨製雕刻成一根假陽具費時費力，使用時也嫌沉重吃力、冰冷無情，在後世就逐漸為其他製材所取代了。可是一直到明朝，還有人不嫌麻煩用石頭來雕製假陽，在近人劉達臨《中國情色文化史》一書中，就刊載了一具距今五、六百年歷史的明朝石製假陽，石頭呈栗褐色，表面光滑，握柄處略呈桃實形，依稀可見模仿睾丸之意，只是為了方便握持，將它拉長縮小了。

三、玉雕假陽具

玉乃石之美者，玉雕和石雕可以視同一般，所以它的歷史應該和石雕假陽一樣悠久，並且專為貴族婦女提供服務而製造，因為它的材料價格昂貴。普通婦女使用石雕假

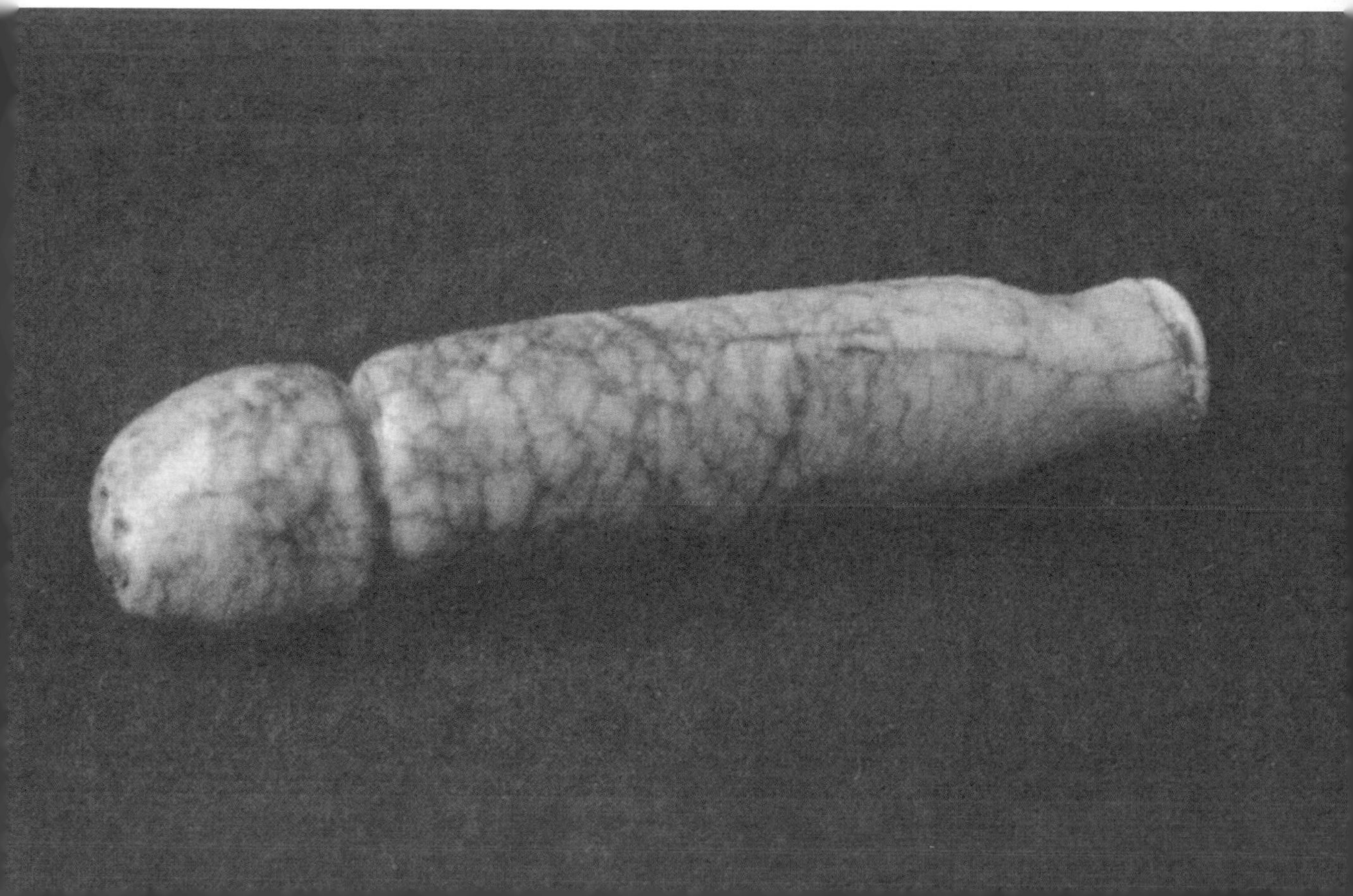

宋朝玉雕假陽具。

陽、貴族婦女用玉雕，就跟普通婦女戴銅或銀的戒指、有錢貴婦戴大鑽戒的道理是一樣的。而貴婦畢竟是少數，所以按市場供需原理，玉雕假陽具的數量也必然遠遠低於石雕的；古代中國的玉雕假陽十分罕見，我只在近人劉達臨『中國情色文化史』書中，看到宋朝和清朝時磨製的假陽玉器各一根；前者歷史已近千年，龜頭造型特大，白玉表面作冰裂紋，穢跡斑斑；後者也有兩、三百年的歷史，玉石呈深褐色，造型逼真，栩栩如生。

四、陶製假陽具

陶器文化在中國歷史悠久，中國人在遠古時就掌握了捏土燒陶製做各式器具的知識了。史書稱「神農作瓦器」，又說「黃帝時有釜甑」，煮飯用的鍋盆、裝水用的壺瓶有了陶製的（考究些的還在上面雕刻花紋或塗上彩繪，以供王公貴族使用），在填飽肚子之後要滿足淫慾時，陶製的假陽具就順理成章地出現了。

我們在本書第一講看到距今四、五千年前的陶燒假陽具，正是神農、黃帝時代的產物，再次說明了「需要是發

中國漢朝時製造的陶祖假陽具。

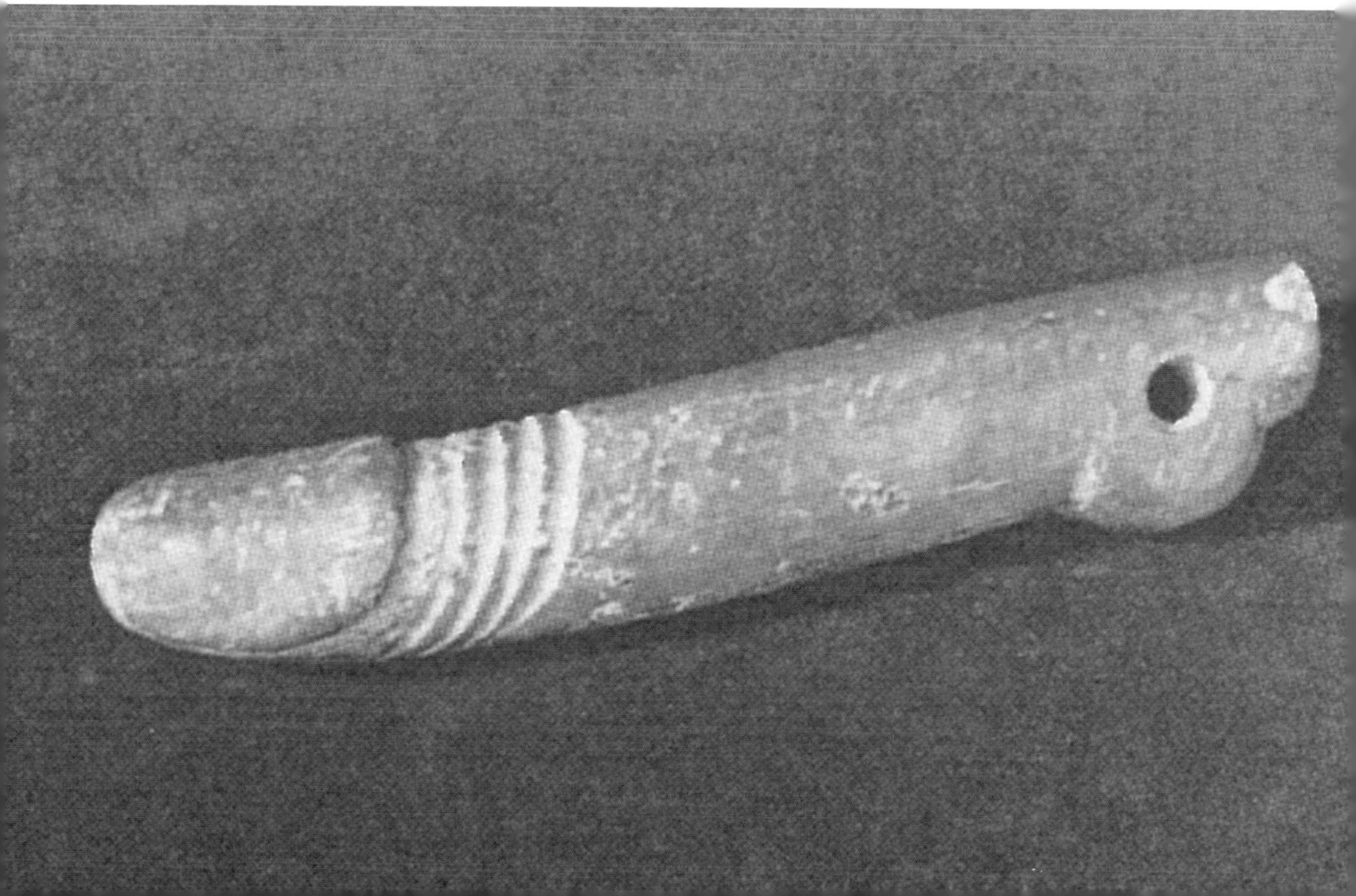

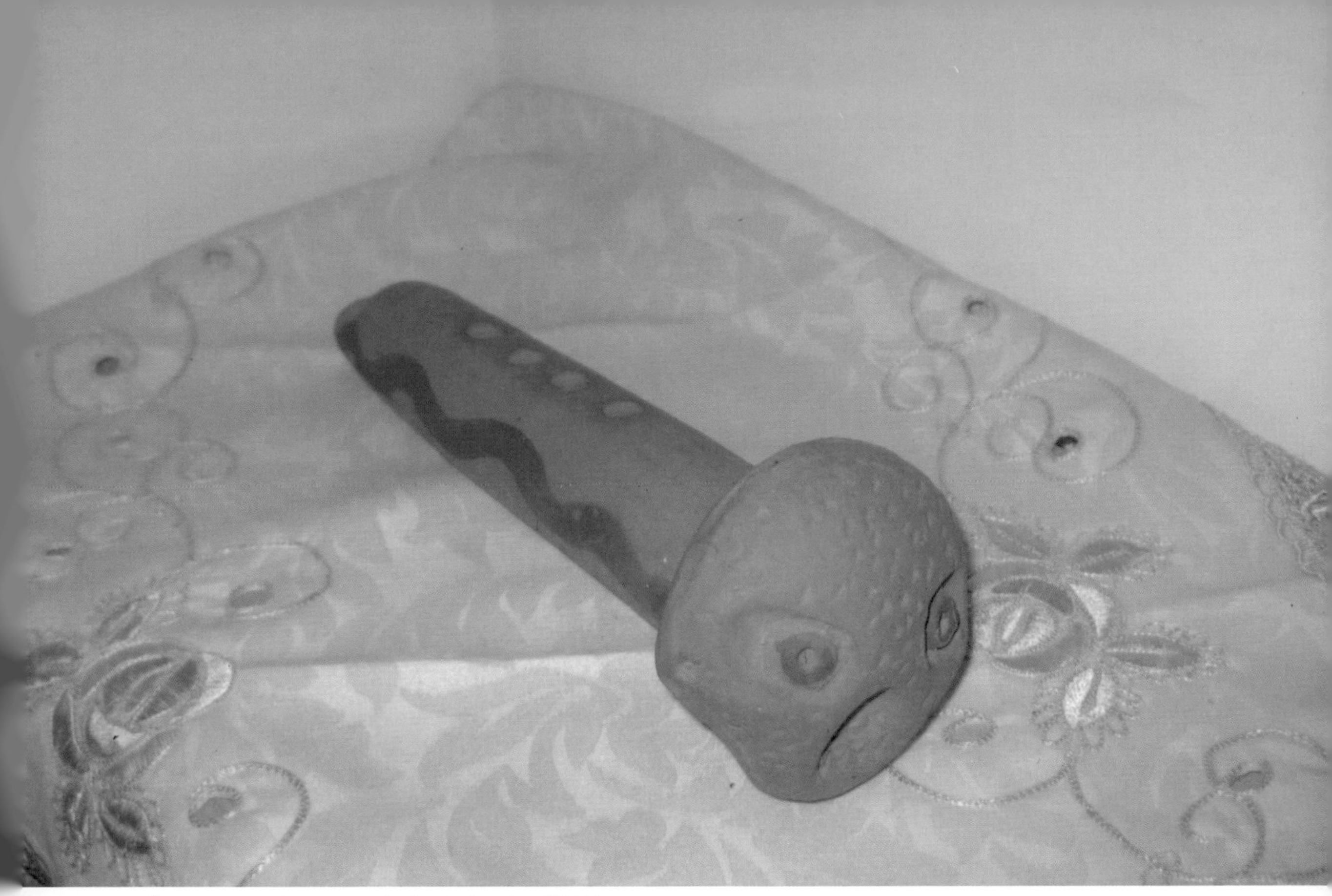

墨西哥手工藝品，陽具造型的鬼臉四孔陶笛柄端。

明之母」的真理。

陶製假陽具的製造比石雕假陽具要容易許多，是物美價廉、平民化的產物，具備了質樸的鄉土特色，讓使用者發思古之悠情，是其獨具的魅力。所以即便到今天，功能極佳、價格低廉的電動假陽具雖早已橫掃全球、霸占市場，陶燒的假陽具卻仍然有人燒製販售，企圖努力傳承此一歷史悠久的文物，不要被無情的時代所淘汰。

我在一九九二年三月間曾赴美西旅遊，參觀完南加州聖地牙哥海洋公園的殺人鯨、海豚表演後，導遊帶我們南下，跨過美國邊界入境墨西哥逛觀光市場，十五塊美金就可以買到一個漂亮的女用皮背包，各種款式花色都有。墨西哥是文化古國，捏塑陶器歷史悠久，也頗具特色，我在一家藝品店買了一尊十九公分高面露苦笑的陶人坐像——它細膩表達了苦中作樂的人生況味，和一根長二十四公分、徑粗四公分的陶製假陽具（售價三美元）。為了避免尷尬，中空的假陽具特地在器身開了四個按孔、又在尖端開了一個小孔，下方開了一個吹孔，把淫器製作成樂器，讓人在口吮龜頭時可以吹出音樂——藝品店是把它當作樂器賣給客人的，買回去怎麼用就悉聽尊便了。尤其有趣的

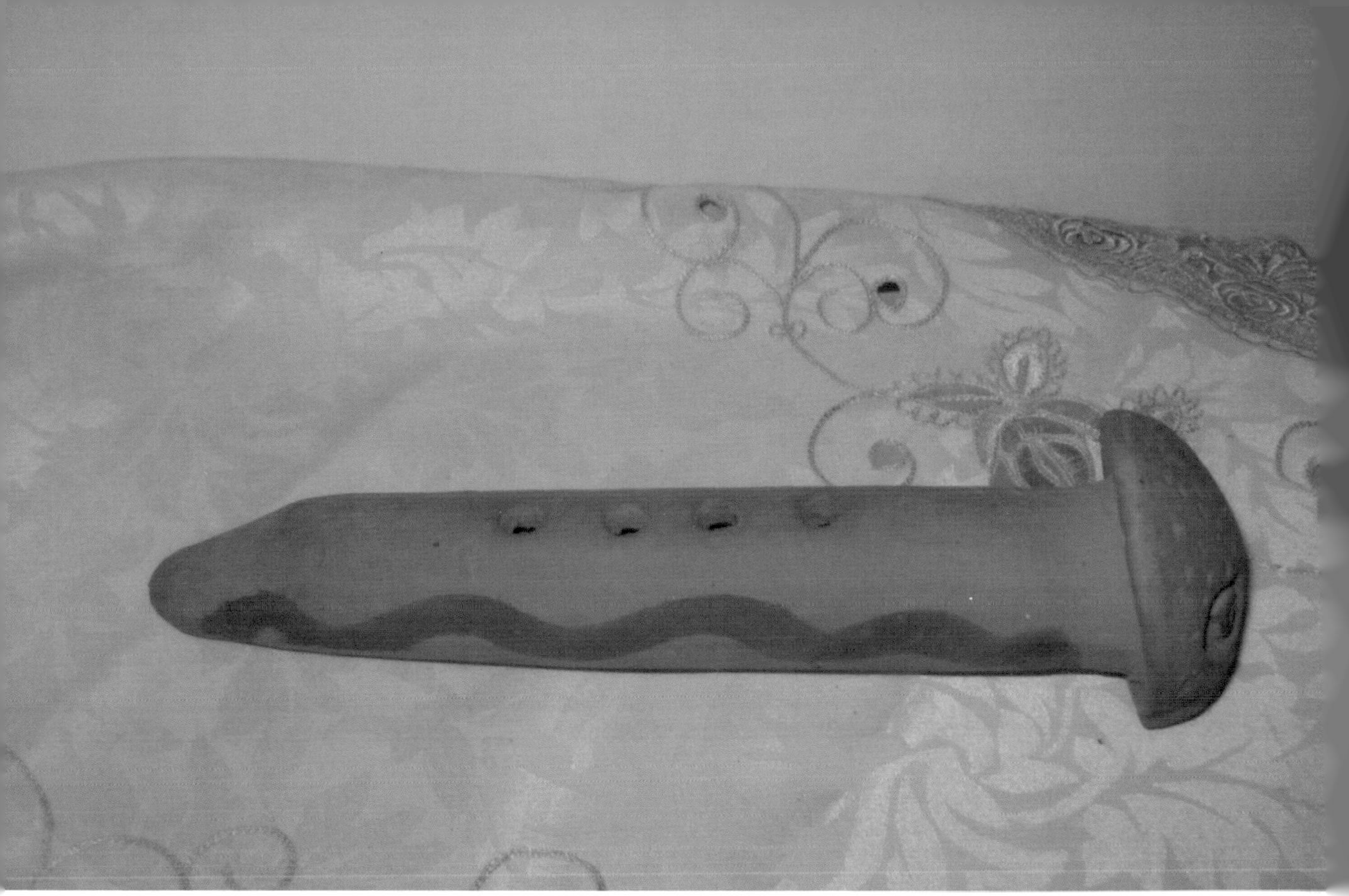

墨西哥手工藝品，陽具造型的鬼臉四孔陶笛側面。

是，底座握把部位，製陶者塑出一個露出獠牙的鬼臉骷髏頭，似乎在警告使用者不可過度沉溺於手淫似的，跟香煙盒的上面印著「多吸香煙有害健康」的警語大有異曲同工之妙，這就是墨西哥古老文化細緻幽默的地方。

五、瓷燒假陽具

瓷器比陶器細緻，表面也上了釉，看起來更光滑搶眼，價格也高些，但是若純就使用功能而言，反倒不如樸素的陶製假陽略顯粗糙的表面可以帶來更多的愉悅。

中國古代也有瓷燒假陽具，但是主要的用途不在供女性自慰，而是作為太監死後的陪葬品，在下一講裡面我再仔細地介紹它。

六、牙雕假陽具

象牙雕刻的假陽具也很古老，因為上古時代大陸華北地區氣候溫暖，野象很多，史書記載舜帝曾驅象耕田，殷紂王曾用象牙筷子吃飯，人們利用很容易得到的象牙來雕

刻梳子、髮簪、耳墜、牙錐等東西，也是很自然的結果。到了周朝時，官府把八種工業用材料稱作「八材」：珠、象、玉、石、木、金、革、羽，其中的「象」就是象牙。象牙質地堅硬光澤，可以磨製精緻高檔的手工藝品，賣個好價錢，腦筋動得快的商人，當然也會想到磨雕象牙假陽具賣給貴族階級來使用。

六朝時的性學醫籍《玉房秘訣》一書已經提到人們「以象牙為男莖而用之」，這是最明確的象牙假陽記載，至今已有一千五百年以上的悠久歷史，但是我相信象牙假陽具的出現中國，一定比這個記載更早、更古老。

在德國柏林色情博物館中，收藏了一個上鎖的方形木頭盒

右圖是裝象牙假陽具的木頭盒子，有鑰匙可以開關，左圖是盒子打開後，裡面放了三根尺寸各異的象牙假陽具，左上角的小圓盒可能是一盒凡士林油膏。

子，打開一看，裡面有三根粗細不一、長短各異的象牙假陽具，盒子的一角還有個象牙小圓盒，裡頭放了凡士林油膏，真是設想周到，盒子邊框有一行小字「For Your Pleasure」（帶給您歡樂），據說是十九世紀英國所製造的。

我曾聽小說家子于說，他在東北瀋陽讀大學（一九四〇年）時，有一回到同學家去玩，兩人東翻西找，在一個書櫃裡找到幾本黃色小說（《痴婆子傳》、《繡榻野史》一類），還看到一根象牙雕的假陽具，奇的是上面還刻著一段佛經呢。那個同學的父親早逝，這根象牙雕的假陽用途不問可知，器表刻一段經文是增加粗糙的磨擦效果呢？還是為這種「非法出精」來消災解厄？

七、角雕假陽具

用牛角、鹿角雕刻的假陽具比牙雕的更普遍而價廉，如果說象牙假陽具是給貴族婦女提供性服務，那角製假陽具就是安慰普通婦人的最佳伴侶。因為大量生產，角雕假陽還贏得「角先生」之尊諱，這可是其他任何質材的假陽具都沒有的殊榮呢。

清初人曹去晶《姑妄言》第十三回裡說鄉紳童自大的妻子鐵氏貪淫，童自大有些對付不來，就問家僕童祿說：「那裡可以買到牛角做的角先生？」經童祿告知，童自大去買了大中小三個尺寸的角先生，回家與妻子淫樂。書上說大號的角先生「八寸餘長，鍾（酒杯）口粗細的陽物，上面還有些浪裡梅花（雕刻圖案）」；中號的「五寸來長，一圍（拇指食指合圈）稍大」；小號的「長只三寸，也不甚粗」。

牛角製的假陽大致可用，硬度、粗糙度都不成問題，但是還比不上鹿角的假陽更為好用。名醫陳存仁博士在〈男性太監酷刑考〉一文中說：「（男陽）代用品以幼鹿茸角為最合適，因為有茸的鹿角是硬中帶軟的東西，所以藥材舖切片能切到如紙一樣薄，足見其軟硬度恰到好處，各地稱鹿茸角為『角先生』者，即是指此。」從陳醫師的精闢見解可知，鹿茸角製的角先生才是軟硬適中、更像男人陽具的假陽具。

八、竹雕假陽具

用竹頭雕製器具在中國和木雕同樣古老，因此竹雕假陽也很早就出現於人家閨閣中了。清朝初年有一個把紫竹傘柄修改成竹製陽具的例子，清人曹去晶在《姑妄言》第二十三回中說：南明朝臣毛羽健家中婢女夭桃「尋了一根紫竹斷傘把，用刀將竹根刻下有四寸餘長一節來，就那竹根頭做了個龜頭樣子，用磁瓦刮光，宛似一根陽物」，而後送去給小姐使用。書上說：「她起來到姑娘房中，…見左右沒人，將此物送上。那女子一見，如獲至寶，笑吟吟接過，請教它的用法。夭桃附耳傳授密訣，叫她仰臥，將兩腿揸開，多用唾沫，不住抽扯…。」

竹雕假陽具也是硬幫幫的，用起來不會特別舒服，只有個輕巧便利的優點，用手握持抽送久了，也不太會覺得疲累而已。

九、藤莖假陽具

藤莖假陽具和竹莖假陽具是一類的，但藤莖是實心的，握在手裡比較沉甸有物，感覺上比較接近木雕假陽。

在清朝時，不止一處的書籍中提到藤莖假陽。清初人丁耀亢《金瓶梅續集》第三十回裡說：年已七旬的李守備娶了一個中年婦人，又勾搭另一個女子，幾天下來就弄得「腰添上彎，腿添上酸，口添上涎，陽添上綿」，變得腰彎腿酸，口角垂涎，陽軟似棉花般，只好找江湖郎中買春藥，一如今日上了年紀的人要服用威而剛一般。那個賣藥的給了他三十多粒「興陽不洩丸」，又送了他一枝騰津，可以代勞之用。清人口中的「騰津」指的就是「藤莖」。

近人雨田編撰《神仙外傳》一書，提到清朝末年四川嘉定有個妖婦（女神棍）劉鞏氏，自稱活佛，能知過去未來，在嘉定縣穿心街創設白衣仙院，施藥治病，轟動遠近，引誘年輕男女入內淫亂，醜聲四播。官府派差役到庵中查抄，結果在鞏氏房間發現一間陳設華麗的密室，屋中的箱子裡找到了「洋籐偽器」、「白綾淫綢」等物；洋籐偽器就是藤莖假陽，白綾淫綢在本書第十二講「強化男陽攻擊力的祕密武器」中會仔細說明。

十、蠟塑假陽具

現今的成人玩具店裡，有各種顏色、各種造形的陽具形蠟燭，供人買回去增添閨中情趣，可以點燃了發出幽光、飄著香味，象徵男陽在製造歡樂時的「犧牲小我，鞠躬盡粹」；也可以罩一個保險套當假陽具來使用，因為是「情趣蠟燭」，女性在購買時也不會太尷尬，招來異樣的眼光。

在三百年前，中國已經有人想到用洋蠟來製做假陽具了，目的不是為了點燃時增添情趣，而是要替代真陽具來抒發情慾。清初人曹去晶《姑妄言》第八回中說：南明王朝官員阮大鋮的女兒阮寶兒，有一天偶而來到父親寵妾嬌嬌的房中，「見有許多黃蠟，是阮大鋮買來熬煖臍膏（壯陽膏藥，一如西門慶所用的封臍膏）用的，她心有所觸，拿了一塊到自己房中，用火烤軟，搓了一根圓棍，如阮優（阮寶兒的二哥，兄妹倆曾亂倫）肉具大小，晚間睡下拿來消遣。」阮寶兒或許是蠟塑假陽具的發明人，當時若有專利制度，將此發明申請專利，恐怕還可發一筆小財哩。

十一、金屬假陽具

中國人很早就冶煉青銅製作各式鍋壺杯盞、兵器農具了，四千年前的商朝已能製做出如此精美的大鼎，想鑄造一根青銅假陽具簡直是易如反掌。

在近人劉達臨《中國情色文化史》一書中，有一幀近代人製的鎏金銅陽具，應該是清末民初的東西，表面已氧化生出綠鏽，說明即使在銅鑄陽具表面鍍金，使用久了還是會出現鏽斑，有衛生安全上的顧慮，不是理想的製材。

十二、軟布袋塞香菇

婦女多半精於縫紉，用布縫一個像保險套的長圓口袋，裡面塞上曬乾的小香菇，就可以做成一根陽具；使用前先泡在熱水裡，讓它發漲，軟硬適中，是很逼近真實的替代品。

近人葉靈鳳《世界性俗叢談》一書中，有一則「床頭放個角先生」說：「相傳尼庵中所用（假陽），並非烏木或象牙所製，而是用白綾縫成一個套子，中實乾木耳，要用的時候只須放在熱水裏一浸，木耳受熱即漲大，軟中帶硬，而且富於彈性，確是很理想的替代物也。」

或許袋裡的香菇、木耳，事後都被人拿出來煮菜吃下肚了，沒有看到這類假陽具的實物流傳後世，這是很遺憾之事。

十三、尿泡假陽具

利用豬或牛的尿泡富有韌性的皮來縫一個像陽具形狀的套子，使用前或吹氣、或灌水，把口一紮，就可以派上用場了。

清初順治年間佚名作家的章回小說《一片情》第九回，提到江蘇沛縣席家的寡婦索娘自己動手做了一個「殺

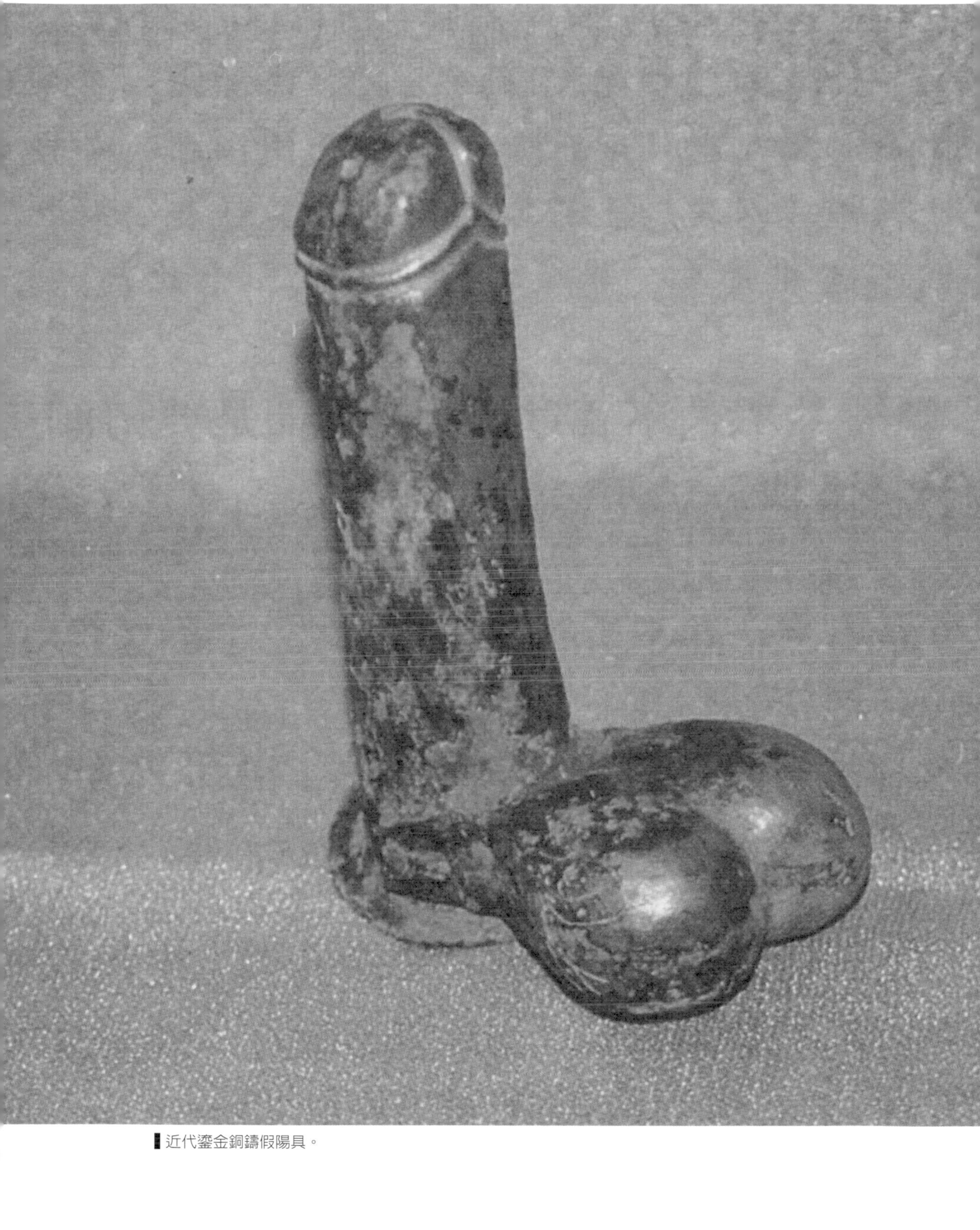

▌近代鎏金銅鑄假陽具。

（煞）火的東西」：「乃尿胞皮兒做的，長五、六寸，有一把來大（徑粗約四公分）」索娘如何利用尿胞皮做成假陽具，是如何充氣使用的，書上並沒有詳細說明。

清雍正八年（西元一七三〇年）刊本《姑妄言》第十五回裡，說丈夫出門數年不歸的長舌婦也用尿胞皮做個陽具自力救濟，說得就很仔細了：「她想了個妙法，煩人去買了個牛尿脬來，假說要裝東西，她拿到房中，端詳了一會，左量右量，又將下身扠了扠，量定了尺寸，拿剪刀剪開，用倒扣針兒細細縫起，縫完了，拿嘴一吹，有一圍粗細、六寸餘長，亮錚錚不硬不軟的一根寶物，心中大喜，根下用一根新頭繩紮緊，夜間以為消遣之具。」

讀者也許懷疑，用針縫的尿胞皮套子，不會留有許多針孔嗎？吹氣時不會癟嗎？尤其在擠壓抽送時不會洩氣嗎？恐怕這只是作者想像的情節，在真實世界裡尿胞皮假陽具是不可能存在的吧。

我也這麼疑心。可是後來在二〇〇八年四月二十六日《世界日報》上面看到一則記載，說全世界「最古老的保險套誕生於一六四〇年，用豬腸製成，至今完好無損。保險套頂端細線密縫，另一端有帶紮口防止脫落。根據一本拉丁文使用說明書記載，保險套使用前必須在溫熱牛奶中浸軟消毒，可以重複多次使用。」可見用針線縫個不漏氣的皮質假陽具在理論上是不成問題的。

民初時，市面上還有皮製的假陽具，但是已改進為灌熱水，使用時就更加逼真了。民初研究纏足的學者姚靈犀在《思無邪小記》中說：「今之洋貨肆或藥房中，嘗售有二物，一曰『風流如意袋』，……一曰『子宮保溫器』，係韌皮所製，長六寸許，有稜有莖，絕類男陽，其下有大圓球如外腎，球底有螺旋銅塞，器內中空，注以熱水，則全體溫暖。……用者……多以代藤津偽具，且盛誇製作精妙。」

形形色色、五花八門的假陽具，在硬度、表面粗糙度、溫度上雖力求改進、各具特色，可是無論如何也比不上真正的陽具吧，這就是造物者高明之處。人造的怎麼能跟神造的比呢？

第八講
假陽具功用知多少

提起假陽具發明了做啥用？凡是成年人大概都知道，是用來增添閨中情趣之用的；可以讓男人在閨房中「如虎添翼」、讓女人在性愛時格外歡愉。

但是除了增添閨中情趣之外，假陽具還有讀者們想像不到的功用：

- 供女性在寂寞時自慰
- 供不孕婦人膜拜祈子
- 供未婚男女作性教育工具
- 處罰淫婦的刑具
- 古代女性死後陪葬品
- 古代太監死後陪葬品

以下就將假陽具的這七大功用逐一加以解釋，並舉例說明之。

一、增添閨中情趣

港星陳冠希與女明星阿嬌、張柏芝、陳文媛等人的性愛照片在二〇〇八年二月間曝光後，記者朱梅芳訪問台灣名模蔡淑臻，蔡說她男友也曾要求在床上拍私密照，但被她婉拒了；她又補充說：「我覺得我可以接受看A片或玩情趣用品，但拍私密照就不能接受。」

這段訪談說明了女人對假陽具是可以接受、或樂於接受的，尤其在與自己心愛的男人歡愛時。男人在年輕時或

清中末葉春畫，描繪男同性戀的「兔子」叫妻子用假陽具搗他的後庭。

許覺得假陽具可有可無，《金瓶梅詞話》裡的男主角西門慶，因為年輕力壯，就很少使用假陽具，用得較多的是硫磺圈，銀托子等等淫具，這些東西，我們在本書最後一講「強化男陽攻擊力的祕密武器」中還會專門介紹；但是男人在年老力衰、力不從心時，假陽具就是最好的幫手了。

清初人曹去晶《姑妄言》第十三回說財主童自大性具短小，不能滿足妻子鐵氏，便到舖子裡買回三種不同尺寸的角先生，回去與妻子敦倫時使用。書上說：「童自大笑嘻嘻將那個頭號角先生拿出來，……鐵氏接過來一看，原來是個八寸餘長、鍾（小酒鍾）口粗細的陽物，上面還有些浪裡梅花（刻紋）。……童自大也不敢冒失，將那大光腦袋在牝戶門口晃了幾晃，有些濕了，方往裡一送，唧的

清朝春宮畫，描繪王妃下體夾著假陽具，扮男子玩弄太子後庭花情景。

一下，進有二寸。鐵氏每常與童自大弄時，弄了半日還不知進去不曾，此時被這件粗物覺得陰門撐得有些脹意，囑道：有些意思，你慢慢的送。童自大拿著巨物一進一出，不多幾送，也就一絲不剩……。」

這段描述說明了男人在不濟之時，假陽具是最理想的好幫手。

清初人丁耀亢《金瓶梅續集》第三十回裡也說：午已七旬的李守備因為內寵過多，得了陽痿之疾，向賣春藥的王軥子買「興陽不洩丸」，賣藥的附送李守備一根假陽具，讓他在力不從心時代勞。於是，本來只有三、五分鐘本事的男人，因有了假陽具，就可以把敦倫延長到三、五十分鐘，可以在男歡女愛時，先派假陽具打頭陣、當先鋒，讓自己以逸代勞，在女人已被假陽具玩得潰不成軍時再乘勝追擊；也可以在自己親征不支時，暫以假陽具代勞，讓那話兒冷靜一下，真假交替輪番上陣；更可以在自己一洩如注而對方仍未滿足時利用假陽具充當「回馬鎗」，給女性一個意外的刺激，讓她嘗嘗「另類輪姦」的滋味，運用之妙存乎一心，全都是為了增添閨中情趣而已。

二、安慰寂寞女性

記得高中上國文課時，飽學的老師楊文煥先生有一回講到清朝時一個女人年紀輕輕的就死了丈夫，公公給守寡的媳婦一幅對聯：

門前休看少年郎
床頭常掛角先生

楊老師是在講清人對聯時舉的一個例子，但也說明了假陽具的確是女人性飢渴時最好的安慰用品，可以讓她不必備受情慾煎熬，做出紅杏出牆、有違禮教的行徑。

清初人曹去晶《姑妄言》第十三回說財主童自大以假陽具玩弄妻子鐵氏，家中兩個丫環葵心、蓮瓣耳濡目染，少艾思春，便趁隙偷拿主人的假陽具自慰，結果被鐵氏撞見了。書上說：「鐵氏……一時口渴要茶吃，叫了幾聲丫頭，不見答應，只說她們去偷睡，遂起身到後邊來，聽見屋裡哼哼唧唧聲喚，驚道：難道是他（指丈夫童自大）回來了，在這裡偷丫頭麼？悄悄一張，原來兩個丫頭學主人主母的樣子呢；葵心仰臥著，兩腿揸得開開的，蓮瓣坐在傍邊，抱著她一條腿，一隻手拿著那中等（尺寸）先生（假陽具），在那裡一進一出的搗，是葵心口裡哼……」

明人馮夢龍《醒世恆言》卷二十三〈金海陵縱欲亡身〉一篇中，也說金國海陵王妃子阿里虎失寵後情慾無法滿足，貼身侍女勝哥便想法子請託太監從宮外買了一根假陽具來，讓阿里虎滿足性慾：「勝哥……見阿里虎憂愁抱病，夜不成眠，知其慾心熾也，乃托宮豎市（買）角先生一具以進，阿里虎使勝哥〔先〕試之，情若不足，興更有餘，嗣是與之同臥起，日夕不須臾離……」

現在社會上有許多敗犬女性，或稱黃金單身女貴族，她們能夠獨自逍遙，不受婚姻之枷鎖，或許也得歸功於情趣用品店林立、假陽具易得，情慾容易自力救濟而獲得滿足吧。

三、可供膜拜祈子

人類很早就發現男女性交可以讓婦人懷孕生子，因而對生殖器官產生膜拜心裡，稱為「生殖崇拜」。甲骨文中的「且」字就指男陽，所以「祖」字表示因為男陽而有後代，祖先是靠性具維繫的；「宜」字表示把男陽放入洞穴中，就一切都十分美好了；這些都是生殖崇拜的遺痕。在河南商邱、丹山所出土的石製男根、河南安陽出土的玉製男根，都是供不孕婦人膜拜祈嗣之用。

學者宋兆麟《民間性巫術》一書的「性器信仰」也說：「在民俗中多把象徵性的物件視為男根，並加以膜拜。……最初可能是天然的石柱、石筍，後來才出現了人工製作的男根，即陶祖、石祖，木祖、瓷祖、銅祖等，……也可以說是生殖崇拜間接或較婉曲的表現。」

同書又說：「在江淮地區農村，不育婦女腰部別（掛）桃木人，桃木人的男根刻得特別突出」，這也是為了祈嗣之用；但是現在一般文明人大多早已忘了假陽具在遠古或鄉下偏遠地區是有著供不孕婦人祈子之用的功能了。

牙雕假陽或作婦人抱子之形，祈嗣功能格外明顯。

四、性教育的工具

在古代中國，性愛是不能公開討論的話題，年輕人的性教育付諸闕如，靠自己觀察家禽家畜的交合而舉一反三、觸類旁通，臨到結婚前夕才由媒婆含混其詞地解說一下，或靠藏放在賠嫁衣箱底下的「箱底畫」、「嫁妝畫」、「壓箱畫」（春宮圖）來「依樣畫葫蘆」，都不是很好的辦法。

筆者當兵服役時，連隊班長講過一個笑話，說一個年輕人結婚，不懂男女交合之道，一位長輩悄悄告訴他：「用你最硬的部位去撞她小便的地方就對了。」一洞房花燭夜時，在戶外偷聽的友人突然聽到屋裡傳來一聲慘叫，破門而入時發現新郎頭破血流，問是怎麼回事？新郎哭訴道：「不是教我用最硬的部位去撞新娘子小便的地方嗎？我的頭最硬，她小便的地方是抽水馬桶，我一撞，就頭破血流了。」

還一個更老的笑話「搠穿肚」，也是嘲笑性教育不足的呆新郎，在晚明馮夢龍編的《笑林廣記》卷五「殊稟部」說：「一呆婿新婚，平素見人說男女交媾而未得其詳，初夜，據婦股，往來模擬久之，偶插入牝中，遂大驚拔戶披衣而出，躲匿他處。越數日，昏夜潛至巷口，問人曰：『可聞得某家新婦，搠（戳）穿了肚皮沒事麼？』」相信這不是瞎編的笑話，是真有其事。

為了彌補性教育之不足，明、清兩朝皇宮中的皇子在大婚前夕，太監會領著準新郎去觀賞銅塑木雕的歡喜佛，研究「兩根湊合之處」，這是很逼真具象的性教育；而一般民間除了靠春宮畫來作啟蒙教育之工具外，也有媒婆以假陽具對新娘解說一番的，因為假陽具比歡喜佛容易得到。

明人沈德符《敝帚軒剩語》卷中說：「予見內廷有歡喜佛，云自外國（指西藏）進者，又有云是元所遺者。兩佛各瓔珞嚴妝，互相抱持，兩根湊合，有機可動，凡見數處。大璫（太監）云：帝王大婚時，必先導入此殿，禮拜畢，令撫揣隱處，默會交接之法，然後行合巹。」

五、懲處淫婦刑具

二〇〇九年八月十五日在加拿大蒙特婁的「中國古代性文物展」中，陳列了一具別緻的馬鞍——馬鞍的背上有一根木雕的假陽具，這不是為了滿足情慾的發明、讓女人一邊跨騎驢馬一邊自慰，而是古代中國專門懲罰淫婦的一種刑具。

這種特殊的馬鞍放在驢馬背上，讓淫婦騎著遊街，給眾人欣賞嘲笑，古時稱為「騎木驢遊街」，在明代風流傳奇《刁劉氏演義》（一名《古本果報錄》）書中便有實例，說刁南樓之妻劉氏與王文通姦、毒殺親夫，最後姦夫淫婦被處三十六刀魚鱗剮之刑，刁劉氏死前還要騎木驢遊街，見書上第三十七回「驢木驢唱曲遊門，正典刑法場活祭」。但是在今本《刁劉氏演義》中，已不見騎木驢酷刑的詳細描述，只說刁劉氏「坐在木驢上，心中實在悽

明代風流傳奇小說《刁劉氏演義》中有騎假陽馬鞍的酷刑案例。

慘不已」，說她「白綾裙映出綠綾褲，松花色的肚兜凸出酥乳微高，那雙玄色緞的弓鞋又尖又小，看了令人消魂」……，如此而已。

究竟木雕假陽具安裝在馬鞍背上，是如何成為懲罰淫婦的酷刑？三十多年前，一位旅居美國的讀友在讀到我所發表的一篇談古代中國如何懲罰姦夫淫婦的文章後，很熱心地探問到我的電話，打越洋電話告訴我他小時候親眼所見官衙處斬姦夫淫婦前騎木驢遊街的情景。可惜我已忘了這位老前輩的尊姓大名。

他說木驢不是在真的驢子背上加安裝木製假陽具的馬鞍，而是真正雕刻成的一頭木驢，下接四個輪子，驢背上挖空，嵌一具木雕的假陽具，連接下邊的輪軸，輪軸滾動時會牽引假陽具上下抽動。淫婦關入大牢後，穿上最艷麗的衣服後反手五花大綁，此後直到行刑時不再鬆開，女囚吃飯需由其他犯人或牢卒餵食，其他囚犯或牢卒性侵犯女囚易如反掌，也例必發生；女囚大小便不能避人，如禽獸般任人觀賞羞辱，麻繩五花大綁時深陷肌膚中，牢卒可任意用皮鞭抽打女囚，把衣服抽裂開成一片片，肌膚半隱半現，更加刺激。

淫婦騎木驢赴刑場處斬的前一天，先以空木驢按實際路線遊街一次，以向市民宣告第二天有好戲可看。到第二天清早，獄卒先在木驢背上的假陽具上塗癢藥或辣椒膏、黏毛髮羽毛或帶刺之蒴果，而後把雙手反綁的淫婦抬起跨坐到木驢背上，讓木雕假陽插入牝戶中，由奸夫拉著木驢前行，出衙門監牢，遊四門，最後到達東門菜市口的刑場，奸夫穿高根鞋，塗口紅，作人妖打扮以示羞辱，也被雙手反折於背後五花大綁，拖著木驢往刑場走，有時獄卒還會以皮鞭抽打奸夫，要他走快些，讓木製假陽上下抽動得快些；更會以皮鞭抽打淫婦，要她唱小曲以娛夾道的觀眾。奸夫淫婦來到刑場被處斬後，木驢由獄卒牽回，平時就放在監獄門口，以警告世人不要犯姦淫之罪。

但是這次展出的附有木雕假陽具馬鞍，似乎是真正可以綁繫在馬背或驢背上的鞍具，讓淫婦跨騎在活的馬匹或驢背上，藉驢馬的走動而產生讓木雕假陽具在牝戶內亂攪的疼痛效果，如此說來，這是另一種「騎活驢遊街」的懲罰淫婦的手段了。

六、女性的陪葬品

古代中國人相信玉器可使屍體不腐，所以貴族下葬時穿玉鏤衣（由小玉片連綴成整件衣服），身上的一切孔竅都要填塞玉器，包括兩耳、兩眼、兩鼻孔、嘴巴和肛門；口中所含的玉作蟬形，因古人相信蟬蛹入土而後生為蟬，死人含玉蟬也能復生；女性比男子多一孔竅，要在陰戶中塞一玉雕陽具，才能完全達到使屍體不腐的目的。這也是後世在墓葬中發掘出許多玉雕假陽具的原因。

七、太監的陪葬品

玉雕假陽具是古代貴族婦女的陪葬用品，而皇宮太監死後，則以瓷燒的假陽具陪葬。

太監是被割去生殖器的人，當專門操刀的刀兒匠動完手術後，一旁的助手立刻將割下的性器官放入預先備好的小瓷罈裡，用乳香末藥等防腐劑摻拌好，蓋上蓋子，放入一個楠木匣中，匣外寫明性器官主人姓名、籍貫、年齡、淨身時日，何人操刀，何人引禮介紹，而後把木匣送往「懷安堂」列冊編號存放，以備日後淨身太監發跡後，以重價贖回，在陽壽告終時，一起陪葬，以求「完尸」，有顏面去見地下的列祖列宗。

但是也有些小太監混得不好，沒錢贖回當年割下的生殖器，便從市面上買一具白瓷燒的瓷陽具，用以陪葬，這種太監專用的陪葬陽具，直至今日仍有傳世者。

第九講 假陽具的愛用者

清朝中葉春畫，描繪達官貴人家，兩名久曠思春的姬妾們，相互以假陽具滿足情慾。

▍晚清春宮畫，描繪風流男子以假陽具助威，以一敵二玩3P。

▌假陽具是風流男子的好幫手（日人西川祐信「艷女玉簾」浮世繪春宮）。

據筆者私下查訪，假陽具在各類情趣用品暢銷排行榜上，永遠排名第一、擁有廣大的消費群；許多情趣用品店的老闆說，各式電動假陽具永遠賣得最好、買的人最多。

都是哪些人愛用假陽具來滿足情慾呢？

一共有下列十種人：一、風流浪子；二、思春少婦；三、獨居寡婦；四、冷宮嬪妃；五、宮中太監；六、宮中宮女；七、女同性戀者；八、男同性戀者；九、陽痿男子；十、空門女尼。

以下逐一舉例說明。

一、風流浪子

在日本A片中，常見男優在街頭吊馬子，相約去旅館尋歡做樂，從隨身包中取出跳蛋、電動假陽具、電動按摩棒等等道具，盡情狎玩扮演落翅仔的AV女優。

一般題材的日本A片，也常見男優以各種假陽具與女優調情縱慾，務必將女優狎弄得慾火如

▌十八世紀日人原山易信絹本設色春畫「鳥羽繪」繪卷，描繪風流男子以假陽具玩6P的誇張情景。

▌十八世紀日人原山易信「鳥羽繪」繪卷中另一個風流男子以假陽具玩3P的畫面。

焚、淫水四濺才肯罷手。

這都是因為一部A片要拍一個多小時，男優的真本事卻只有十分鐘，於是假陽具成了他們拖延戰術的最佳工具。

一般男子也是如此，在面對情人或妻子時，為了充分滿足對方情慾，在真刀真鎗上陣前，也常會以假陽具充當前戲的工具，讓對方先吃得半飽了，再御駕親征時就可以事半功倍，一同達到性高潮。

風流浪子以假陽助威，其用心良苦、惟天可表，祈天下女性同情哀憐之，莫笑其勝之不武也。

二、思春少婦

思春少婦在情慾不能滿足時，用手指或假陽自力救濟，是人之常情，這種事情在民間俗文學和春宮畫中都十分常見。

在日人粂川的浮世繪版畫中，就有一幅男狐仙以假陽具作餌誘惑思春少婦的描繪（見下一頁附圖），把思春婦人對假陽具的渴求作了傳神的表達。

清朝時一首馬頭調雜曲，題作〈孩刨〉，描寫當時大戶人家男主人妻妾眾多，不能雨露均霑，失歡的妾只好以假陽自慰，最後跟丈夫的寵童（明清時許多男子都是雙性戀者，如西門慶有一妻五妾，又與寵童走後庭）幽會的故事。這是跑江湖唱雜曲的藝人招徠顧客的一首風流唱曲，先以馬頭調唱念介紹女主角：「有一個未遇時的側室偏房，朝朝煩悶，日日愁腸，獨坐在牙床，思想起一往從前，件件樁樁，不由人一陣一陣的魂飄蕩，無語怨爹娘……。」唱一段、念白一段；再唱一段，再念白一段，經過四次念唱後轉湖廣調（五更調），唱述思春之情，當中說：「四更四點月兒西，忍不住的佳人心內著急，買了一件東西堪可意，名叫烏角先生不喲嗐嗐，卻也像活的來往的不汲不汲不喲嗐嗐，弄得我心裡迷。」唱完五更調再轉馬頭調敘述丈夫寵童前來幽歡的情景而結束本曲。

此外，在一幅清朝中末葉（同治光緒年間）的紙本春畫上，也可見一個全裸的思春女子，斜躺在床榻上，左腳小腿跟綁了一個假陽具，用左手下探握住左腳，用力搖動，讓假陽具進出牝戶以滿足情慾，或許是床榻晃動聲、或許是女子呻吟聲傳到戶外，引來丈夫或情人的掀帳窺

▌日人粂川浮世繪版畫，描繪男狐仙以假陽具為餌勾引思春少婦。

▍清中末葉紙本春畫，描繪思春婦人以假陽具自慰，引來情人窺探的情景。

探，把思春自慰的女子逮個正著，接下來的風流好戲也就不問可知了。

三、獨居寡婦

古代中國鼓勵寡婦獨身守節，不要再嫁，死後可在居里矗立一座石牌坊，上面有縣太爺親題的「貞潔可風」一類的牌匾，以光耀宗里，稱「貞潔牌坊」，此事極不人道，要寡婦守一輩子寡，備受情慾飢渴的煎熬，是十分殘忍之事，可是中國自宋朝以後，卻大力執行了上千年，一直到民初才逐漸改觀。

在這上千年的「貞潔牌坊」歲月中，獨居寡婦往往只有靠假陽具來滿足情慾了，這是不玷辱家風唯一的變通方法。前面提到了一個公公對自己寡媳所作的對聯：「門前休看少年郎，床頭常掛角先生。」就是寡婦以假陽自慰的一個例證。

明朝風流短篇小說《僧尼孽海》中，第一則「沙門曇獻」裡，說南北朝時北齊胡太后在夫君武成帝高湛駕崩後不甘守寡，與僧人曇獻私通，後來被兒子（北齊後主）高緯發覺了，把曇獻殺了，把母親胡太后幽禁在北宮，不許親友探望，「后憤懣積不得伸，乃託中〔宮〕貴人市角先生以解饞」。這是貴為太后的寡婦胡氏以假陽自慰的另一個例子。

胡太后可以託中宮貴人去買假陽具，一般寡婦不方便出門，有什麼方法可以得到自慰的假陽具呢？有的寡婦以蘿蔔茄子香蕉黃瓜替代，有的寡婦用零碼布頭縫一個狀如保險套的小布袋，裡面塞滿乾香菇，使用時香菇遇熱水則漲，變得更加粗壯，十分理想；還有賣婆登門向婦人推銷假陽具的故事，在下面第十一講「假陽具的銷售管道」中還會詳述。

四、冷宮嬪妃

皇帝後宮佳麗三千，許多嬪妃一輩子也得不到君王的寵幸，形同守活寡。有的嬪妃膽子大，與太監私通；有的嬪妃膽子小，只敢與貼身侍婢用假陽具自慰，都是皇朝後宮的畸型生態。

明朝無遮道人編撰《海陵佚史》，說金海陵王完顏

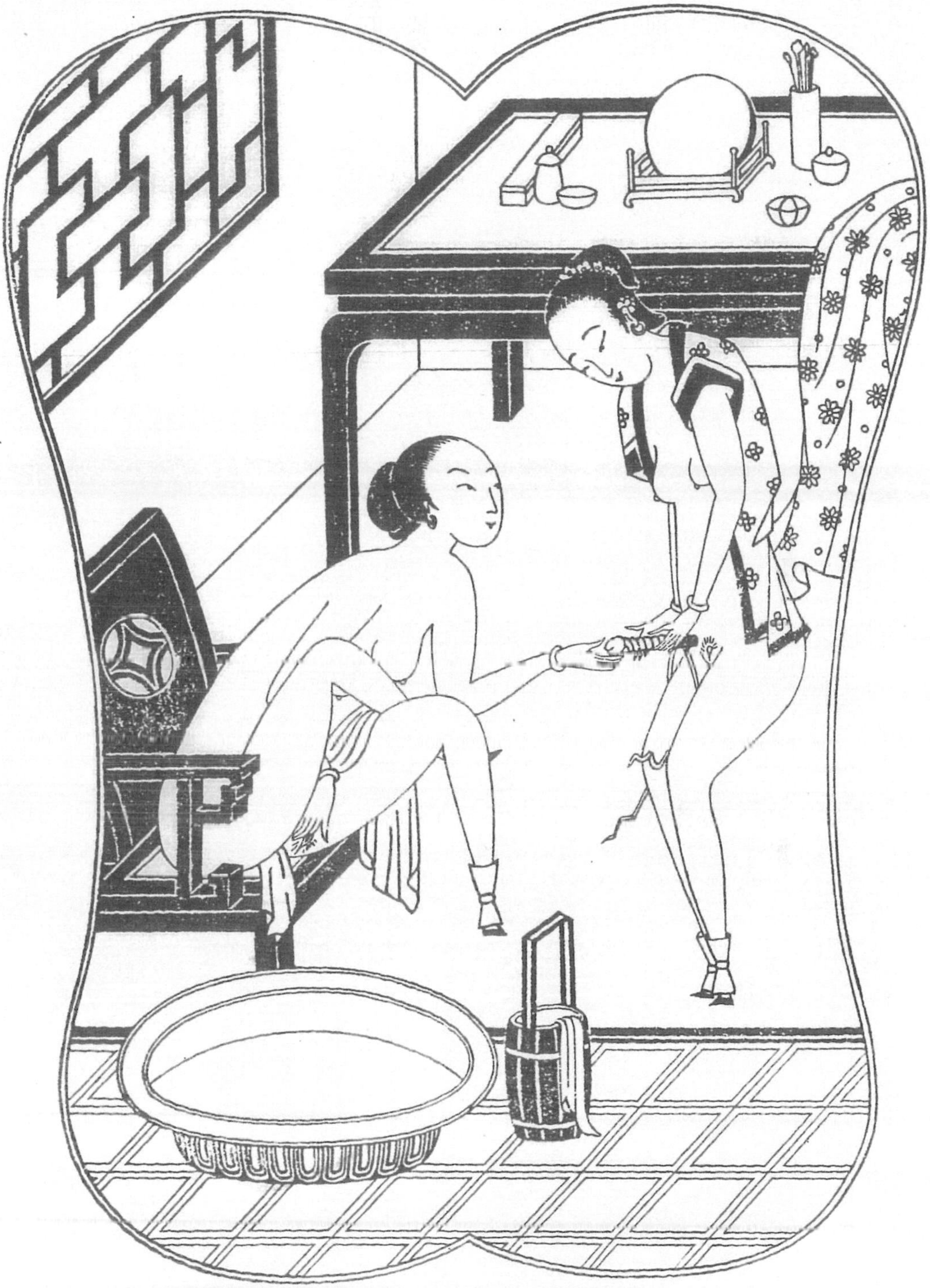

▌明朝末年木刻紅色單印版畫「江南銷夏」冊頁之一，描繪思春寡婦命令侍女腰繫假陽具扮男子與其交歡之情景。

亮的妃子阿里虎失寵後，侍婢勝哥託太監從宮外買來一具角先生，繫在自己腰間，扮男子與阿里虎淫樂。勝哥長得壯若男子，又穿男子衣冠，稱「假廝兒」，也就是「假男人」的意思，玩起來就真像有那麼一回事了。書上說：

海陵制，凡諸妃位皆以侍女服男子衣冠，號「假廝兒」，有勝哥者，身體雄壯若男子，給侍阿里虎本位（昭妃娘娘），見阿里虎憂愁抱病，夜不成眠，知其欲心熾也，乃托宮豎（太監）市膠毛（樹膠假陽具）一枝，角先生（角製假陽具）一具，以絨繩如法繫於腰間，……阿里虎乃自開其牝，引其手摩撫之，摟抱登床，共枕而寢，接唇謔浪，不復顧忌。勝哥乃挺其腰而進之，果偉岸若矛杵然，第冷若冰鐵。阿里虎曰：「乇（合）進甚冷，奈何？」勝哥曰：「陰中大熱，急急抽送，自當不冷。」阿里虎笑而從之，任勝哥往來抽送數百度，情若不足，與更有餘，竟不覺初之冷也。阿里虎抱持勝哥曰：「汝真我再世夫妻也。」嗣是與之同臥起，日夕不須臾離。

這段文字說明了失寵嬪妃與貼身侍婢以假陽具滿足情慾的詳細情形，描述得歷歷如繪，讀來有如看了一場活春宮。

五、宮中太監

前面引文說勝哥請託太監到宮外買一具角先生，用來侍候失寵的昭妃娘娘阿里虎，太監能買得到一根假陽具，難道就不會買兩根、留下一根來自用嗎？天底下沒這麼笨、這麼老實的太監。

太監是被割去陽具的人，對假陽具的需求格外殷切，因為宮中那麼多花樣年華、容貌出眾的宮女，得不到君王的寵幸，恆處於性飢渴狀態，正等著太監來安慰呢！

近人陳存仁《男性酷刑太監考》之二說：「皇帝三宮六院七十二妃，這個數字還是一般傳說，事實上不止此數，因為皇帝每年都要選美女進宮，數目並無規定。……被寵幸的女性，可能第二晚又選中，也可能一度春風之後便不再中選，深宮春苑，幾乎每一個女性都會如此，處子未經寵幸過可能默不出聲，一經人道以後就思念不已，於是出現一種代用品，以幼鹿茸角最合適，因為有茸的鹿角是硬中帶軟的東西，與勃起的男陽最近似。……清末民初時，北京若干有名的藥材舖中，尚有『陰角』出售，據說這種角就是鹿茸乾角，不過這種陰角，茸已擦盡，角則乾而且堅，足見當時宮中怨女甚多，太監以〔角先生〕助其作惡所造成。」

陳存仁博士是享譽海內的中醫，他的說法自當可信，亦可見太監以假陽狎玩宮女實真有其事，有擦盡茸毛的鹿角假陽具為證。

六、宮中宮女

宮女和太監結為夫妻，在明朝時是公開的祕密，如果兩相情願，稱「對食」或「菜戶」，如果是太監強迫的，稱「白浪子」。

這種情形在清初人的著作中，多留下好奇地記載，如清初人秦徵蘭「天啟宮詞」註說：「宮人有『菜戶』，猶民間之夫婦也。」因太監無陽具，與宮女結合彷彿吃菜（吃齋），因此稱作「菜戶」。」

清初人史玄《舊京遺事》也說：「內官、宮人私侍，名為『對食』，又稱『菜戶』。」夫妻對桌而食，所以「對食」即指夫妻。

清初人毛奇齡《西河詩話》也說：「明制，直房內官與司房宮人俱有伉儷，謂之『對食』，又謂之『菜戶』，若強作伉儷者，稱『白浪子』。」

這種情形皇帝是睜一隻眼、閉一隻眼的，《明史》卷一一四「懿安后傳」說：「宮人無子者，各擇內監為侶，謂之『菜戶』，其財物相通如一家，相愛如夫婦，既而妃嬪以下，亦頗有之，雖天子亦不之禁，以其宦者，不之嫌也。」只要不真刀真鎗，用手用口用假陽具怎麼狎玩自己的女人都可以，天子真是肚量寬宏、甘戴綠帽子，非常人所能及也。

清朝初年詩人查慎行所寫的《人海記》一書卷上，有一則「周后田妃」，也說明崇禎帝的元配周皇后替丈夫生了太子朱慈烺及定王朱慈炯，貴妃田氏替皇帝生了永王朱慈炤及悼靈王朱慈煥。田貴妃恃寵而驕，妄想皇帝把太子朱慈烺廢掉，改立自己的兒子永王朱慈炤當太子，將來母以子貴可以當太后而掌握大權，就處心積慮地想誣陷周

清朝中末葉絹本春畫手卷，描繪兩名宮女以假陽具滿足情慾。

皇后。

有一天，崇禎皇帝召幸住永和宮的田貴妃進皇宮。以往都是由小太監抬著鳳輿，把田貴妃送進宮的，這回田貴妃故意叫永和宮的宮婢抬轎。皇帝見了很奇怪，田貴妃就說：「聞坤寧宮（周皇后居處）小璫（小太監）狎宮婢，故遠之耳。」說皇后住處的小太監狎弄宮婢，不得不迴避。皇帝聽了，「搜其處（坤寧宮），大得狎具。」皇帝大怒，把皇后身邊的小太監全趕出宮，周皇后氣得吐血。有個老宮人憤憤不平地對皇帝說：「田貴妃宮中就沒有這事情嗎？皇帝也不妨派人去搜搜看啊。」皇帝派人去搜，也找出一大堆狎具，才原諒了周皇后「督下不周」的罪。

太監以宮女為妻，夜晚同床時，除了手抓口咬外，還可以假陽具真搗，也就大致可以安慰需求不高的宮女了。

七、女同性戀者

女同性戀者在假鳳虛凰時，如果有一根假陽具助興，就能獲得極大的愉悅，春宮畫中頗有此類描述。我曾在加拿大蒙特婁市的情趣用品店裡，碰見兩個中年婦人一同入店內挑選電動陽具，幾經討論後，挑了一根買下，滿意地離去。

A片中還見兩女以兩端都有龜頭的連體假陽具互慰，兩人仰躺，四股相湊，同時吞吐著一根超長型的雙頭假陽，這種假陽具在古代中國早已發明，稱作「兩頭忙」；古代日本也有，稱作「兩頭蛇」或「互形」。在浮世繪大師溪齋英泉於文政期（西元一八一八至二九年間）刊刻的版畫「偶言三歲智慧」中，已有「兩頭蛇」圖例，一頭已插入牝戶中，一頭露在外面。此外，日本浮世繪晚期大師葛飾北齋於文政九年（西元一八二六）刊印的春宮版畫「喜能會之故真通」中，也有兩女子以「兩頭蛇」做愛的描繪，景況頗似前述勝哥與阿里虎的床笫交歡，但「兩頭蛇」比勝哥以絨繩將角先生繫於腰間的辦法更巧妙自然而近似男子。

八、男同性戀者

男同性戀之一號以陽具搗弄零號之肛門，本來無需假陽具，但零號在自慰時，就需借鋼筆、原子筆或假陽具一類的道具，自己用手把這些道具送入後庭。男同性戀的零號在古代中國稱「兔子」或「龍陽君」，龍陽君結婚與妻子敦倫時，還常要求妻子以假陽具搗弄他的穀道、非此不歡呢！

在一幅清中末葉的紙本春宮畫中，我們就看到一位龍陽君光著下半身翹起了屁股，要妻子在腰間繫一根假陽具，扮男子來搗弄他的後庭花。妻子滿臉無奈，只有勉強一試，有古詩一首「兔子娶妻」吟詠此事道：

兔子也娶妻，此事真稀奇；
肛門慣會癢，只好偏勞伊。

看了不禁讓人啞然失笑。

無獨有偶，在晚清卷本《梨園春色》中，也有一景是男同性戀的龍陽君扮太子仰臥床榻，以藍布遮住陽具，只露出肛門來扮女子，全裸的纏足婦人扮皇后跪立在「她」的胯間，牝戶夾一「兩頭忙」，以假陽欲搗弄其糞門。龍陽君口含手指，注視著婦人胯間的假陽，一副又愛又怕的模樣，婦人一手抬起龍陽君的左腿、一手撫慰對方，像說「別怕，我會輕一點的。」這幅圖大概是梨園新年期間在滿族權貴家搬演的風情戲「武則天與薛敖曹」吧。

雌雄顛倒做愛，讓人大開眼界，噫！天下之大，何奇不有哉！

九、陽痿男子

有些陽痿男子在力不從心時，也常常用假陽具來應付飢渴的女人。

清初人丁耀亢《金瓶梅續集》第三十回說年已七旬的李守備，娶了一個四十五歲的黎氏，又勾搭上一個中年婦人孔氏，在兩個狼虎般婦人的聯手夾攻下，弄成了陽痿，只好求助於賣生藥的王鞠子，買來一包興陽不洩丸、一包揭被香（放入牝中刺激女人性慾之用），王鞠子還送李守備一根騰津（藤莖假陽具），說「有這根假東西，（可以）使個替身法兒」。

十八世紀日人原山易信的「鳥羽繪」繪卷（見附圖）中，有一段描繪風流的陽痿男子（可能為一幕府將軍）用四根假陽具與群妾玩7P的遊戲。他雙手各持一假陽、雙

十八世紀日人原山易信「烏羽繪」繪卷，描繪風流的陽痿男子用四根假陽具玩7P。

腿各縛一假陽，用來對付四名愛妾，口與另一女子相吻，垂軟的陽具卻令最後一名女子嘆泣，這真應了中國人的那句老話「貪多嚼不爛」。

十、空門女尼

和尚慾心熾盛時可以找徒弟採後庭花，在明清兩朝的筆記小說和笑話書裡多有描述；尼姑慾心熾盛時怎麼辦？猜想不外乎用手指或假陽具自慰了。這還算是守規矩的出家人，若不守清規，就索興偷人了，與入廟隨喜的施主偷情，這在民初人孟德蘭著的《庵堂風月》中，有細膩的描述。

尼姑以假陽自慰的文字記載，在古代印度的佛典「根本說一切有部芯芻尼毗奈那經」上有所描述，說一位名叫吐羅難陀芯芻的女尼，知道巧匠替王妃用樹膠做陽具（稱「生支」）以慰孤寂後，便也要求巧匠做一根給她，以便慾念熾盛時自慰。佛經翻成白話大意如下：

佛陀在吐羅伐城時，有個女尼名叫吐羅難陀芯芻，因為乞食來到長者家，見女主人獨自在家，就問她說：「妳

▌民初小說《庵堂風月》（共四冊）之封面。

先生不在家，妳如何滿足情慾呢？」女主人一聽，害羞的低頭不語，芯芻只好告退而出。

芯芻又行乞到宮內，對勝鬘王妃說：「祝您無病長壽。」接著又問道：「國王常常出巡不在宮裡，妳如何滿足情慾呢？」

王妃說：「您是出家的聖人，怎麼問起世俗這種事情呢？」

女尼說：「我剛從長者貴勝家來，他的夫人年紀輕輕的就獨守空閨，我很擔心她。」

王妃說：「這樣啊！聖人有所不知，如果國王不在宮裡，我就取樹膠，命令巧匠做一根生支，就可以滿足情慾了。」

吐羅難陀芯芻聽了，就到巧匠家，對巧匠妻子說：「請幫我用樹膠做一根生支，要像替王妃勝鬘夫人訂做的那個樣子。」

巧匠之妻訝問說：「您是出家的聖人，何以需要這種東西？」

女尼回答說：「我自有用處，妳別問這麼多。」

巧匠之妻便等丈夫回家後，要丈夫用樹膠做一根生支。丈夫說：「難道我的傢伙還沒法滿足妳，妳要靠生支來自慰？」

巧匠之妻說：「不是我要的，是別人要訂做的。」

巧匠便承做了一根生支，交給妻子轉交給女尼吐羅難陀芯芻。後來吐羅難陀吃完了飯，就進入房中，以樹膠生支用繩子繫在腳跟上，放進牝戶中享受慾樂。

在一幅十六世紀時日本佚名畫家的春宮繪卷上（見附圖），恰好繪有一女尼裸著全身，將一具烏角假陽具繫在腳跟上，放進牝戶中享樂的描繪；為了怕腳抬久了發疲，女尼還用布繩將腳綁繫好，懸吊在脖子上，再用手扶住腿以輔助腳跟之聳動，真是聰明。用這幅春畫作為《芯芻尼毗奈那經》的附圖，誰曰不宜呢？

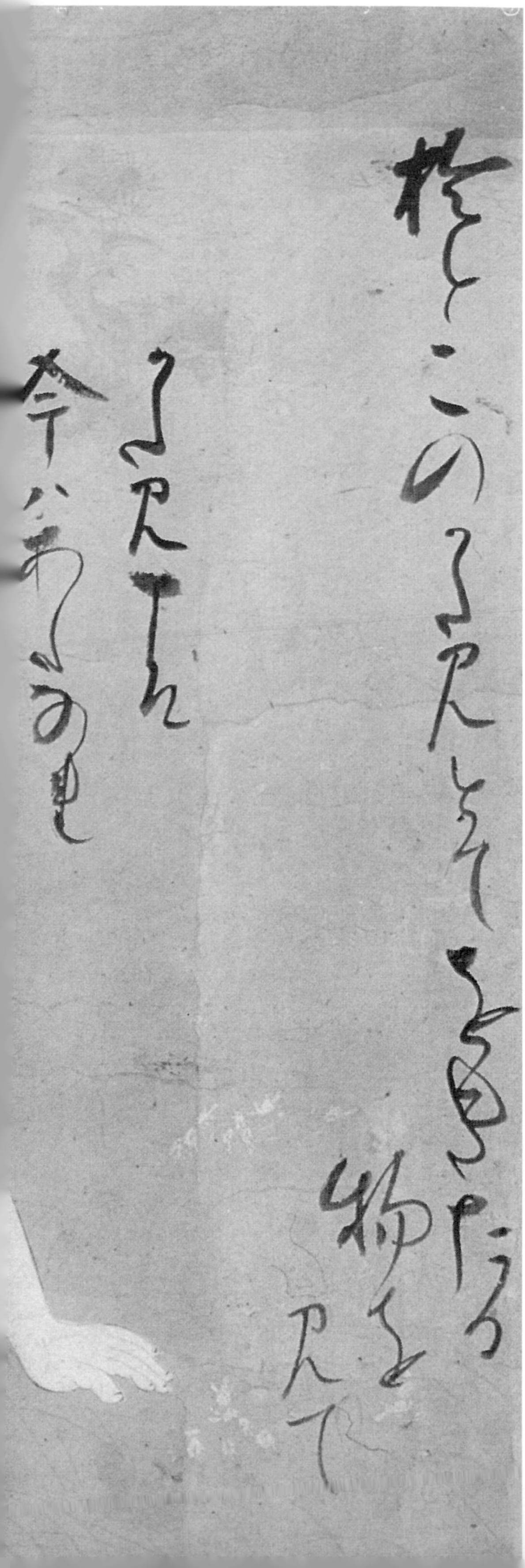

▍十六世紀的這位日本尼姑向世人
展示了假陽具的最佳使用範例。

第十講
假陽具的使用說明書

一切工具買回家，盒子裡都會附一張使用說明書，甚或一本使用手冊，假陽具自然也不例外。假陽具要如何使用才能發揮最大功效，玩得盡興呢？

我以為假陽具至少有以下六種使用方法：一、手持搗弄；二、綁繫腰間；三、綁繫腳跟；四、牝戶夾持；五、紮立枕上；六、懸立架上。

以下逐一舉例說明。

一、手持搗弄

這是最基本、最初級的使用法，一般女人用右手、左撇子用左手，拿著假陽具的根部往自己胯間搗弄，快慢輕重隨意，時間長短不拘，以追求高潮為終極目標。

這是頗富創意又巧妙的假陽使用法，女子閉起眼來，就好像真的有男人在她身上進進出出（十八世紀江戶末期原山易信絹畫「鳥羽繪」繪卷）。

日人鈴木春信浮世繪描繪少婦手持假陽自慰。

清初人曹去晶《姑妄言》第十三回說土財主童自大的老婆鐵氏慾心熾盛，與兩個丫環葵心，蓮瓣三人一起用假陽具自慰：「鐵氏……上床脫光，叫丫頭也脫了上床，……一個人抱了（鐵氏）一隻腿，各伸出一隻左右手，拿著大小兩個角先生，前門（牝戶）用大的，後戶（肛門）用小的，弄將起來，用手拿著更覺有趣，比童自大拴在腰中弄法更好，要深就深，要淺就淺，要高就高，要下就下，憑自家（鐵氏）心中所愛；只須一言，丫頭自然奉命，把她二人的手腕幾乎累折，那鐵氏也幾乎樂殺，興盡而止。」

清中葉一幅紙本春畫「姦戲」，描繪一穿粉紅色上衣女子仰臥床榻，裸露下半身，高舉兩腿，另一綠衣女子跨騎在她身上，兩手挽持著她的腿彎，使其雙腿大張；第三個穿藕色衣女子單腿跪於榻前，一手撐地、一手持假陽具往仰臥女子大張的牝戶搗去。這是古代中國手持假陽搗弄的一個圖例。

日本古代春畫中也有手持假陽搗弄的描繪。在江戶中期以擅畫柔媚端莊、嫻淑高貴之美女的鈴木春信（西元一七二五至一七八四年），曾於西元一七六五年左右畫過

▌日人勝川春章「繪本新玉門發氣」，描繪少婦手持烏角假陽自慰。

一幅描繪少婦在自家住屋迴廊下手持假陽自慰的浮世繪；稍後二十幾年另一位浮世繪畫師勝川春章畫的墨摺半紙本「會本新玉門發氣」中，也有一幅貴婦仰躺於華麗織蓆上手持烏角假陽自慰的春畫。

兩幅春宮畫的女主角都是獨自一人用手持假陽具自慰，不像中國春畫「姦戲」是由別人手持假陽來滿足性飢渴婦人；兩幅春宮畫的女主角都是閉目瞑想她們的情人在和自己做愛，假陽具便彷彿成了真傢伙，因而更容易獲得高潮，快活得腳趾都向內緊扣，畫面上幾乎可以聽得到她們的呻吟。日本浮世繪春宮以描繪細膩見長，此其二例也。

二、綁繫腰間

手持搗弄法可以是兩人互慰、也可以是一人自慰；綁繫腰間法則必然是一人將假陽固定在胯下扮演偽丈夫，模擬男女做愛的姿勢去滿足另一名婦人了，因此場面比較熱鬧。

在清初人曹去晶《姑妄言》第十四回裡，說敗家子易

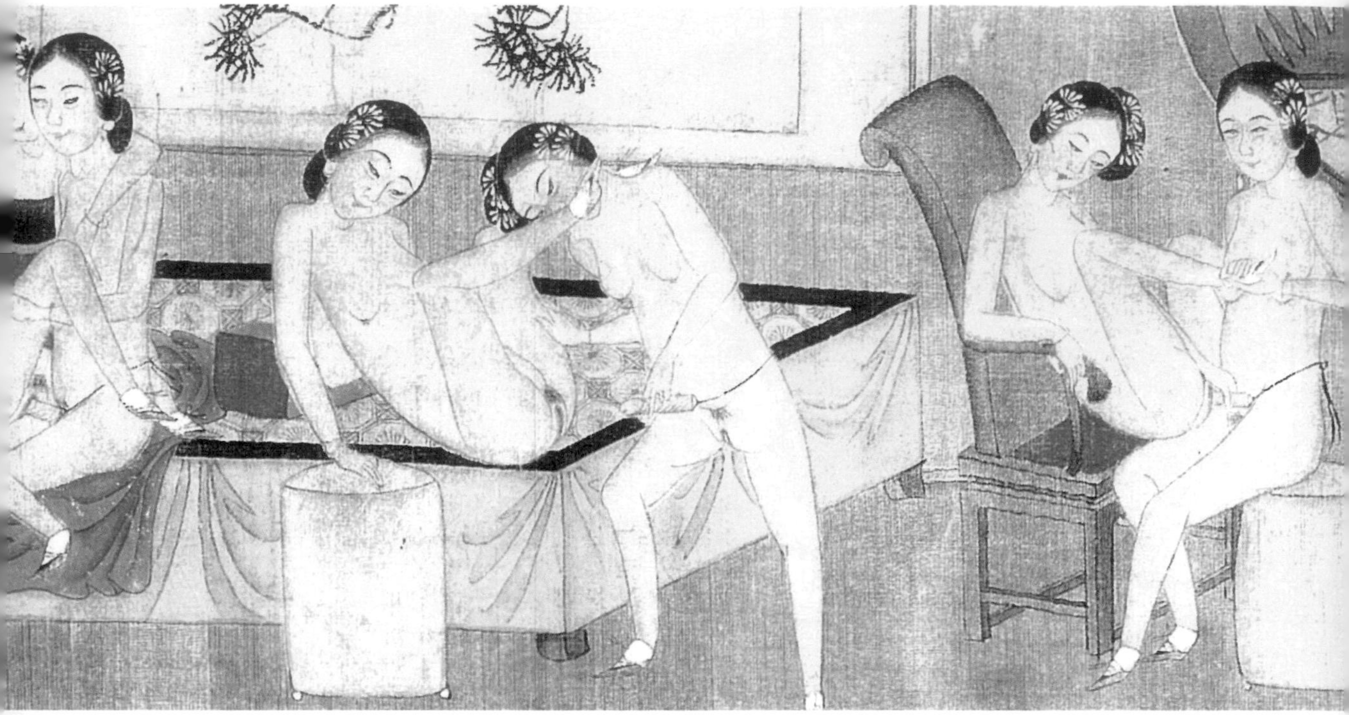

▌清中葉《後宮秘戲圖》卷中女子腰繫假陽與另一女子姦戲。

于仁富誇鄉里、風流成性，娶妻袁氏，又納妾二十餘人，「製了一張大榻，……後房內買了許多春宮的畫，貼得滿牆都是，又買了許多角先生來。他要交媾時，……著（命令）一半婦人將假陽物根子上用帶子縫緊，繫在腰間，那一半婦人並排仰臥著，指著壁上春宮，要做哪個勢子，他先同袁氏做起（示範），叫眾人都同他一樣，要緊齊緊，要慢同慢，參差不一者罰酒一碗，弄過換那一半同這一半又弄。」如此玩法，場面真是壯觀。

清朝咸豐、同治年間的《後宮秘戲圖》卷，繪有十段兩女相狎之秘戲，其中大部份都是一宮女腰繫假陽扮男子，與另一宮婦交合的畫面，只不過變換了不同的姿勢，在不同的地方（或床榻、或椅墩、或蓆地）玩罷了。與手持假陽的玩法相比較，腰繫假陽更像個男人，玩時也更多肌膚相貼的機會，所以比前者更勝一籌，樂於為女同志所採用。

男女相狎時，男子也可以腰繫假陽，玩時一真一假同時插入女性的肛門和牝戶，讓女人獲得加倍的歡樂，前引長篇章回小說《姑妄言》第十三回中，說土財主童自大「將腳帶兩條接了一條，把那角先生根下拴了個結實，繫

清中葉《後宮秘戲圖》描繪皇宮中性飢渴妃子與宮女用假陽互慰。

在腰間，笑對（妻子）鐵氏道：妳昨日笑話我還長得出一個屬子來？這不又長出一個來了！鐵氏見他上下兩個硬邦邦的東西，喜歡的笑得眼睛只剩一條細縫，…他將腰中那先生送入鐵氏牝中，…自己的厥物頂進後庭之內，…弄夠多時，那陰中之水、肛內之油，兩處齊流，將白綾帶的藥性泡發，那陽物脹得分外粗大，其熱如火。鐵氏前門中塞得脹滿，已美不可言，後門又滾熱的這件硬物出出進進，樂得她聲喚都叫不出來……。」如此玩法，真是匪夷所思，真不是普通人想得出來的。

中國春宮畫中，還有一幅女子腰繫假陽的例子，在晚清時描繪王府貴族淫亂的春宮畫「嬲戲」中，有一幅畫王府格格懲罰犯錯的侍女，頭戴兩板頭假髻、身穿赭紅旗袍、赤裸下半身的格格將犯錯的女侍脫得一絲不掛，兩手腕、兩足踝像捆豬似地用帛帶捆攢一處，坐在秋千木板上，來回搖晃，讓私處去撞擊坐在她前方樹幹上的藍衣旗袍宮女腰間所繫的假陽具。格格斜眼睨人，面帶怒容，被縛的侍女卻嘴角微揚，狀似甚樂，這到底是懲罰、還是享樂呢？倒還真說不清楚，或許只能用「痛快」兩字來形容了。

假陽具還可以綁在男子的臀部玩3P（日人西川祐信浮世繪春畫「枕本太開記」）。

三、綁繫腳跟

把假陽具綁在婦女自家的腳跟，利用小腿的晃動來出入牝戶，是非常巧妙的發明，它比手持法省力，也更像是另一個男人以陽具來做愛，讓自慰的女性可以玩得更久、更盡興，這個使用法比手持法要高級多了。奇妙的是，不分中國、日本還是印度，許多國家的自慰女性都不約而同地想出了把假陽具綁在自家腳跟的作樂法。

先說中國。在清初人曹去晶曠世奇書《姑妄言》第十二回中，說怕老婆的甘壽到街上廣貨鋪買了一根角先生，回家來巴結妻子熊氏；書上說：

熊氏笑問道：「這東西好是好，怎個用法？」甘壽道：「奶奶自己用也得，拴在我身上用也得。奶奶請到床上去，我做給奶奶看。」熊氏便忙忙上床。甘壽怕女兒來，拴了門，也上〔床〕去，將兩根襪帶解下，拴在那角先生根〔部〕，替熊氏脫了褲子，叫她仰臥，又替她紮在腳後跟上，彎著腿，

▌男了陽具細小者可如圖示，手持巨大假陽具搗弄女子牝戶，而以細小陰莖出入女了肛門（西川祐信浮世繪「色道床手形」）。

塞入戶中，手扳著腳尖來回進出。

在清中葉的一幅紙本春宮畫「窺春」上，就畫了一個男子從門外往裡窺看少婦仰躺在羅漢床上，光著下半身，右腳跟繫著一具角先生，用右手扳著腳踝進出牝戶戲樂的情景。

日本十八世紀上半葉浮世繪大師西川祐信的一幅單色木刻版畫「閒行」（見下頁附圖），描繪一路人夜晚閒行經過某貴族豪邸，驚聞叫床聲自屋內傳出，從牆外窗花往裡窺探，才知道一半裸少婦坐在地毯上，腳跟繫著一根烏角假陽具，正忙著自慰呢。

前一章「假陽具的愛用者」末尾引用「根本說一切有部芯芻尼毗奈那經」，說古印度有一位女尼姑吐羅難陀芯芻託巧匠用樹膠做一根生支（假陽具），得到之後，「就進入房中，以樹膠生支用繩子繫在腳跟上，放進牝戶中享受慾樂」，可見印度婦女也懂得把假陽具綁在腳跟的玩法。

《芯芻尼毗奈那經》在中國頗享盛名，明中葉春畫人師唐伯虎就十分熟悉這部佛經的內容，他在為「僧尼孽

日人西川祐信浮世繪春畫「間行」有少婦足跟繫假陽具自慰的畫面。

海」一書所作的題詞（序言）中還說：「……昔我如來憫世之作孽（指男女交媾）而不可活，於是以出世法為救世法白（告訴）芯芻，芯芻尼出焉，夫且謂持珠念佛乎……（以下原闕）」可以為證。難道假陽具綁繫腳跟的玩法還是原始於古印度，藉《芯芻尼毗奈那經》而傳入中國的嗎？待考。

四、牝戶夾持

把假陽具塞入陰戶中，穿回褲子，利用走動或其他方法來顛動，達到刺激的效果，是另一種比較隱蔽、不易為人察覺的「偷吃」法。

A片中，常見AV男優在狎玩初次下海拍片（稱Debut，法文「開始」之意）的AV女優，有一招就是把電動跳蛋塞入她下體，穿回內褲衣裙，在大街上邊走邊聊，不時用手中的遙控開關啟動跳蛋，讓她在大庭廣眾下出糗以為樂，古代假陽具在玩牝戶夾持法時不會自動，要借外力才能達到前述「手動」或「腳跟動」的效果。

方法之一是變換身姿，起起坐坐，扭扭晃晃，以達磨擦的效果，如前引《姑妄言》一書第十三回說土財主把買來的兩根假陽具塞入丫環葵心、蓮瓣的下體，要她倆自動：

> 童自大……一手拿起那個五寸來長的角先生，把葵心一下按倒，將她的腿搬開一隻，吐上一口唾，搽在她陰門上，狠狠往裡一塞，竟自塞了個頭子進去，塞得那丫頭哎喲連聲，又被他使蠻，兩三下塞個盡根。…童自大又拿那個小的（假陽具），對著那蓮瓣道：「也來試驗試驗。」那丫頭不肯，童自大發威來，道：「小騷奴，好意給妳嘗嘗新，妳倒做出這樣個浪兒來。」那丫頭只得將腿蹺起，他對準也是一塞……。
>
> 兩個丫頭起初也覺得裡面塞緊，又疼又脹，悶得慌，甚不好過，到此時見了這番光景（指童自大與妻鐵氏以假陽做愛），那小肚子裡竟熱烘烘，一陣一陣的流出水來，卻並不知疼，只覺其癢，也就不知不覺起起坐坐、扭扭晃晃，那先生在裡邊雖不能十分活動，也覺得在內中挨皮擦肉，甚是有趣……。

更進一步的玩法就是牝戶塞入假陽後，坐在會晃動的物體如搖椅或馬背上，就更省力而刺激了。聰明的老祖先們也早已想出了這種玩法。在前引《姑妄言》第十四回說土財主易丁仁的妻子袁氏性慾旺盛，丈夫忙著與家中二十多名小妾亂搞，她就常用假陽具自慰，書上說：

> 那袁氏更淫得可笑，一日到晚仰睡著，兩個壯實丫頭，一個姓馬、一個姓水，將頭號角先生拴在腰中，輪流替她抽弄。到吃飯吃酒的時候，（袁氏）還將角先生套入牝中，拿那帶子前後緊繫在褲帶上，她坐在椅子上，那屁股不住起落，使它在內中活動；睡覺之時亦用此法，著丫頭用手一推一推，不住的動。……她將角先生套入牝中，騎在馬上顛著走，甚覺有些妙境……。

牝戶塞夾假陽，顛騎在馬背上是自慰，與前面第八講「假陽具功用知多少」中提到淫婦裸騎套坐在安裝了木刻假陽的馬鞍上遊街不同，後者是慘無人道的酷刑，陰肉都要被攪爛了，有何快感可言？

五、紮立枕上

在日本A片中有一個觀眾偶而會遇見的場景，就是在大塊擱置於地的玻璃鏡面上固定好一根塑膠按摩棒，讓AV女優蹲坐其上，用牝戶套弄假陽具，攝影鏡頭時而對準女優，時而對準鏡子，讓人從鏡中欣賞女優的自慰。在古代中國，也有人想出了把假陽具用布繩固定紮立於枕頭上，騎坐著枕頭套弄取樂的類似玩法。

這個辦法還是見載於《姑妄言》，「姑」書作者曹去晶可謂精研角先生玩法的大師，古今中外無人能出其右。《姑妄言》第十五回中說南明朝大官姚澤民奉旨往廣西省親，家中妻妾獨守空閨；一個串門子的長舌婦帶著一個用牛尿脬縫製、吹氣便脹的假陽具「牛親哥」，被姚澤民夫人裘氏的丫環春花、秋月搜出後，跑去拿給裘氏現寶。書上說：

> 裘氏見是尿脬縫的個扁東西，不認得是甚麼，說道：「這是做甚麼用的？怎麼叫做『牛親哥』？」
>
> （丫環）春花道：「我吹給夫人看。」接過來吹脹了，捏著根下硬邦邦的，笑道：「這是她（指長舌婦）的漢子，因是牛尿脬做的，故此叫做『牛親哥』。」
>
> 裘氏笑得眼睛一縫，伸手取過來，氣一放，又扁了。裘氏也用口一吹，脹了，捏著笑道：「拿來入官（沒收）。」遂捏著走回房中，收在褥子底下。
>
> 過了一會，長舌婦進來，裘氏笑著問她用法。她知夫人要試驗了，說：「用（紮）頭繩將根紮住便不癟，或用手持出進，或是紮在枕頭上騎在上面，自己抽動亦妙。」
>
> 裘氏點頭會意，晚間如法作用，正是「嬌兒一去歸何日？且把牛哥暫解饞。」

六、懸立架上

日本A片中還有一幕，是將AV女優綁在沙發椅上，雙腿大張，男優手持一具類似電鑽的工具，鑽頭是一具假陽具，插入女優牝戶後，啟動開關，假陽便飛快地前後伸縮不止，彷彿真人抽送般，速度可快可慢，快時是真人動作的好幾倍，一秒鐘便有十幾回進出，讓女優爽到不行。

古時沒有電鑽，沒有電動按摩棒，但古代日本人還是早想出了類似的玩法，在十八世紀江戶末期原山易信的絹本色情漫畫「鳥羽繪」繪卷中，就有一段畫描繪一名男子將中空的假陽具套在架上木棍的一端，用繩索操控著另一端，把假陽往坐在地上、雙腿大開的女尼牝戶中抽送搗弄不休。這場景讓看過日本A片「電鑽假陽」的讀者有「似曾相似」的感覺。

還一個辦法更巧妙，把假陽具懸垂在一根固定的釣竿上，自慰的女子拉動釣竿末梢，利用釣竿的彈力使假陽具輕巧靈便地出入牝戶；這種玩法也見於原山易信的絹本設色「鳥羽繪」繪卷，畫中女子身著華服，像是皇宮裡的貴族女子。不是有圖為證，一般人還想不出如此匪夷所思的玩法呢！

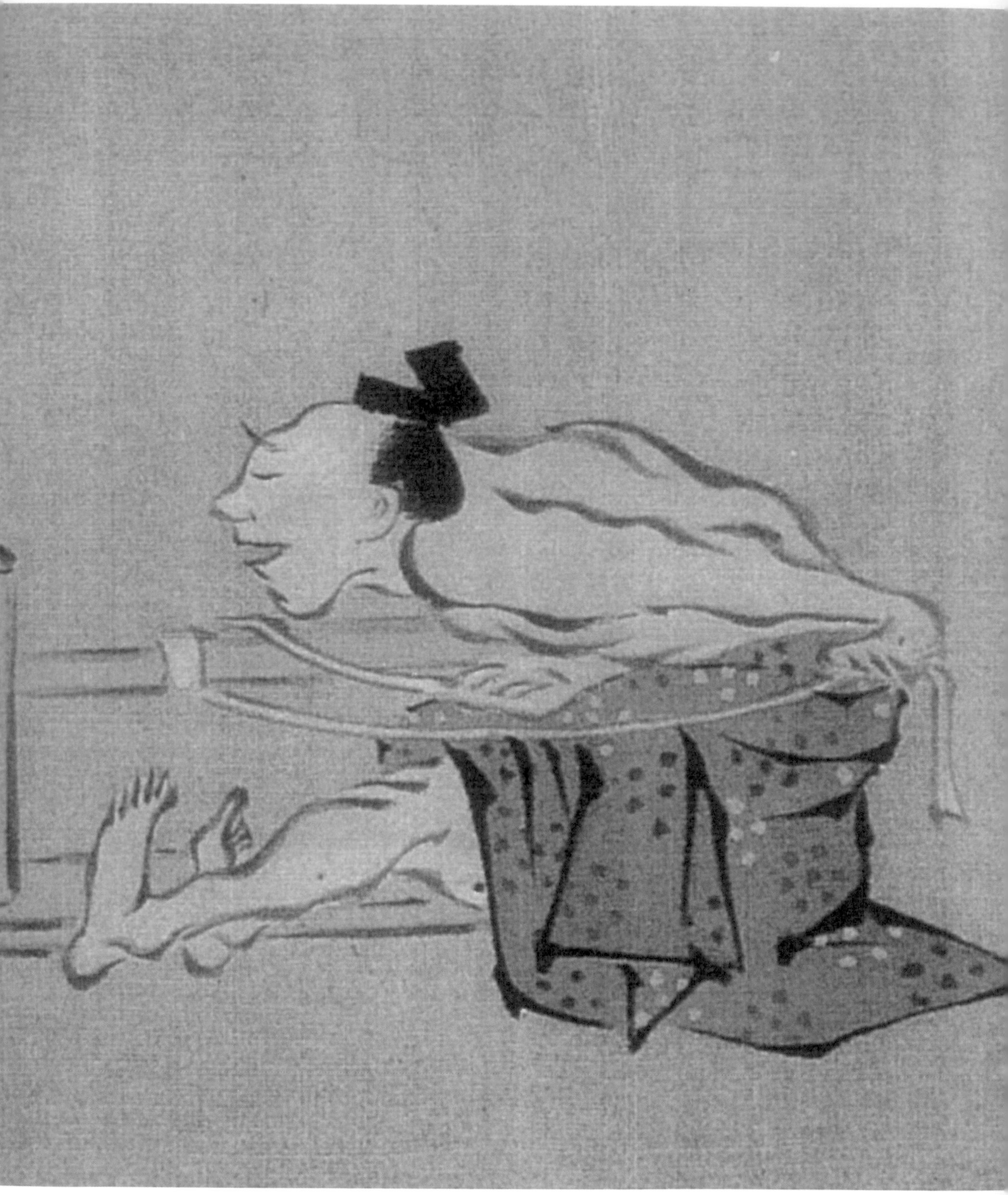

▌日人原山易信「鳥羽繪」繪卷上有男子以架懸假陽搗弄女尼的場景。

第十一講

假陽具的銷售管道

「賣花婆」（局部）一圖可見古時假陽具買賣情景。

▌南宮博在《武則天》書中提到江湖郎中賣假陽。

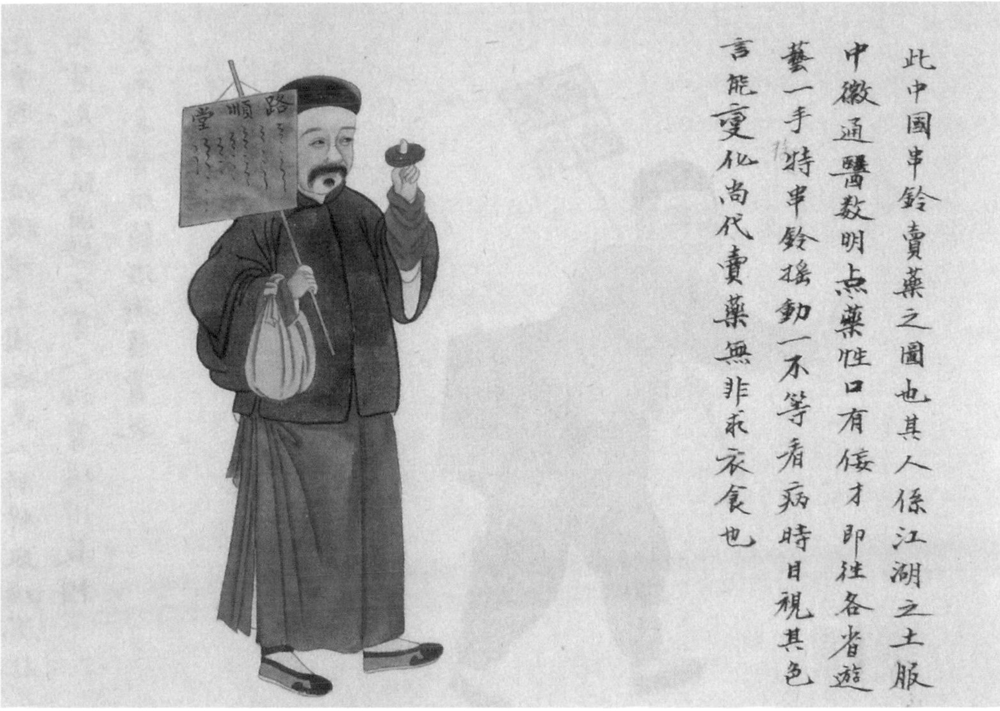
此中國串鈴賣藥之圖也其人係江湖之土服
中微通醫数明点藥性口有倿才即往各省遊
藝一手特串鈴搖動一不等看病時目視其色
言能變化尚代賣藥無非求衣食也
清朝「北京民間風俗百圖」中的江湖郎中或許兼賣假陽具。

假陽具不登大雅之堂，從古以來就一直是偷偷地賣，有時混雜在藥材裡當成醫療用品，由醫生或走江湖的賣藥人私下販售，也有在藥房出售者；有時混雜在日常用品裡當日用品，由貨郎或雜貨店老闆賣給熟識的客人，也有在廣貨鋪或洋貨鋪出售者，今分述如下。

一、江湖郎中

古時醫藥不分，看病的醫生也兼賣藥，行走於各地，為人治病，稱「江湖郎中」。

唐朝時，一位江湖郎中明崇儼，就曾以春藥及假陽具獻媚於武則天太后了。歷史小說名家南宮博在《武則天》一書中說：「明崇儼將『生支』獻給武皇后」，「博識的明大夫稱這『生支』來自天竺古國」，「生支」就是用樹膠做的假陽具。

清中葉佚名畫家所繪「北京民間風俗百圖」中，有一幅描繪江湖郎中的「串鈴賣藥圖」，他右臂縣掛的黃布囊中，說不定就有一根假陽具。此圖的解說云：「此中國串鈴賣藥之圖也，其人係江湖之土郎中，微通醫術、明點藥

宋朝挑擔子四處搖波浪鼓叫賣的貨郎也可能兼賣假陽具（南宋李嵩「貨郎圖」）。

性，口有佞才，即往各省遊藝，一手持串鈴搖動，一手持招牌上寫藥名不等；看病時，目視其色，言能變化，尚代賣藥，無非求衣食。」最末五句移來形容明崇儼替武則天看病的情景，誰曰不宜呢？

二、貨郎

貨郎或推著車子、或挑著擔子，帶著上百件日用品四處兜售，邊走邊搖著波浪鼓以招徠顧客，是今日百貨公司的縮影和雛形。

南宋寫實派大師李嵩畫過一幅「貨郎圖」，畫一個戴頭蓋的長裙婦人帶著六個小孩來到貨郎擔子前要買東西，貨郎擔子上有風箏、風車等各式玩具、瓷瓶瓷罐、鋤頭、釘耙等各種農具、掃帚、斗笠、扇子、草蓆、竹簍、雨傘、交椅……，看得人眼花撩亂。當中五個小孩繞著貨郎的擔子頑皮地鑽來鑽去，打鬧嬉戲，更平添了畫面的熱鬧。

在眾多日用品中，會不會藏放了一根狀似男陽晒乾了的壺盧、或用木頭牛角雕刻的假陽具角先生呢？當然有此可能。假陽具也是日常用品之一啊！只要有需求，就有市場；有人買，就有人賣。

貨朗身後的擔子從下面數起第二層靠右邊放在交椅旁的一具乾壺盧，看起來就像是可以一物兩用的好東西。

三、賣花婆

貨郎賣一般日用品，賣花婆則是專賣化妝用品，如花粉胭脂、首飾假花一類的東西；貨郎會兼賣假陽具，賣花婆當然也兼賣角先生。

清初人柴桑《燕京雜記》中有一段形容北京賣花婆的營生勾當說：「京師有抱物登門賣者，俗名之曰『賣婆』，珠翠滿箱，遨遊貴宅，常得其婦女歡。如欲奇難寶物，皆可立致。蓋市上商賈，利其易售，無不樂與，彼亦從中獲利，多有致巨富者。」

柴桑所說的「奇難寶物」，當然就包括了供女性自慰的角先生；口說無憑，有圖為證。

清中葉稍晚、約在咸豐、同治年間，佚名畫家所繪的紙本春畫「賣花婆」（見下頁附圖）就描繪一容貌猥瑣的老婦，向三名大家閨秀兜售假陽具的情景，民初天津人姚靈犀《思無邪小記》第二八九則提到此畫形容說：「賣花嫗坐階石上，旁置長方提盒，上掛剪刀荷包等物，盒中盡盛偽器，作肉色，殆藤津所製，首豐軀偉，窪稜高起，手持一具，仰面微笑。有三姝絕麗，皆作宮妝，掩映門前，一女亦手捋一具，笑而把玩。朱門上漚釘獸環，非宮禁、即侯門，時槐花正黃，暮春天氣也。」

我在《雲雨》一書上看到此圖的黑白全圖，另外在《中國色情主義》一書上看到此圖局部的彩圖，兩圖並列才能想像原畫真貌。此圖右側大樹應該是垂柳，而非姚靈犀前引文中所說的「槐花」；時序也不是暮春，而是端午前後，因為侯門之家在後門貼一神禡鍾馗將軍，以辟五月惡月之疫癘，是清朝乾隆晚年後遍行中國的習俗，也間接証明此畫之年代必在清中葉之後。

畫中賣花婆左手持假陽具，右手比劃著，像在跟綠衣紅裙少婦商量價錢，她身後兩名少婦則正好奇地欣賞把玩著另一具假陽具，反映出假陽具對大戶人家久旱思春的群妾們，是如何具有吸引力。

清中葉佚名畫家「賣花婆」。

四、生藥鋪

假陽具被當作醫療用品賣給得思春之疾的婦女，除了由江湖郎中四處販售外，當然也擺在藥店裡賣，賣給內行的人。

清初人丁耀亢《金瓶梅續集》第三十二回上說：「這李守備……那一日遇了個故人，賣生藥的王鞠子，……獨自開個小鋪，做些香茶耍藥，廣東羊角騰津（用羊角磨製成的假陽具），在市上哄（騙）這少年子弟們的錢。」（思無邪匯寶版）可證清朝初年時的生藥鋪兼賣假陽具。

近代名醫陳存仁博士《男性酷刑太監考》之二（香港《大成雜誌》四十五期）說：「清末民初時，北京若干有名的藥材鋪，尚有『陰角』出售，據說這種角就是鹿茸乾角，不過這種陰角茸已擦盡，角則乾而且堅，足見當時宮中怨女甚多，太監助其作惡所造成。」可見北京藥材鋪專售鹿茸製假陽具給清宮太監去搞思春的宮女。

民初人姚靈犀《思無邪小記》第一四四則也說：「今之洋貨肆或藥房中，嘗售有二物：一曰風流如意袋（即保險套）……；一曰子宮保溫器，係韌皮所製，長六寸許，有稜有莖，絕類男陽，其下有大圓球如外腎，球底有螺旋銅塞，器內中空，注以熱水，則全體溫暖，本以療治子宮寒冷、不能受孕之病，乃用者不察，多以代藤津偽具（假陽具）……。」可證民國初年時平津一帶的藥房也賣號稱治療婦女子宮寒冷，不孕症的灌水皮製假陽具。

五、廣貨鋪

古時候四處走動賣日用百貨的稱「貨郎」，固定店鋪賣日用百貨的稱「雜貨鋪」。有的雜貨鋪專賣廣東貨品，特稱「廣貨鋪」；如果專賣洋貨泊來品，則稱「洋貨鋪」；而廣貨鋪或洋貨鋪裡都有假陽具販售給內行的人，因為清朝時廣東以擅製假陽具名聞遐邇，而外國進口的假陽具在國內也頗享盛名。

前面「假陽具的十六種異稱」中說過，假陽具又稱「廣東人事」（見晚清竹溪修正山人《碧玉樓》第九回、清佚名作家《歡喜浪史》第七回）或「廣東膀」（見清佚名作家《株林野史》第七回），都証明廣東在清朝時生產

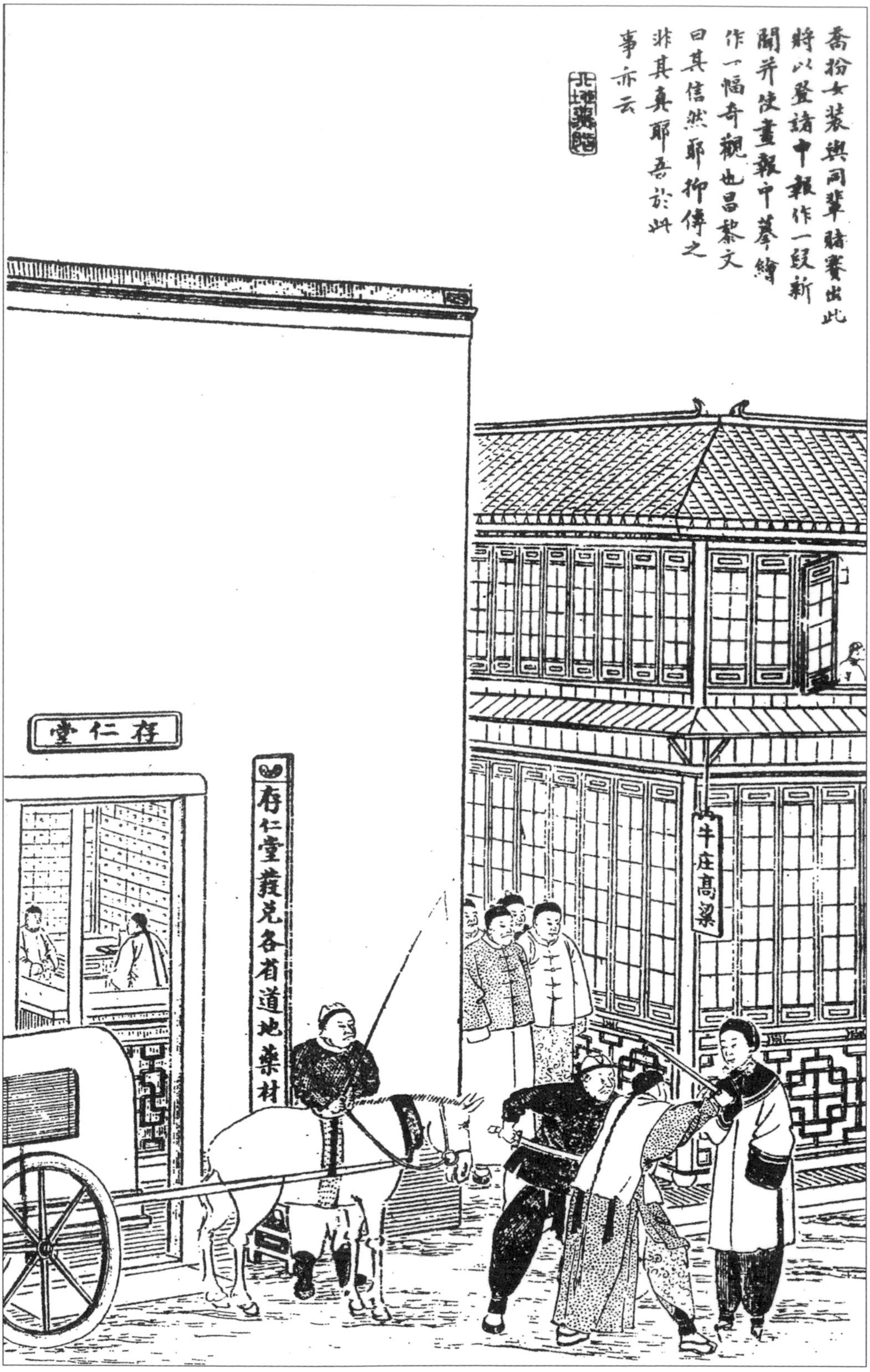
喬扮女裝與同輩賭賽出此
將以登請中報作一段新
聞并使畫報中摹繪
作一幅奇觀也昌黎文
曰其信然耶抑傳之
非其真耶吾於此
事亦云
存仁堂
存仁堂發兑各省道地藥材
牛庄高粱

▌北京藥材舖販售鹿茸假陽具供清宮太監宮女使用（晚清「點石齋畫報」）。

假陽具，成為地方上的特產而名聞中國。清初人丁耀亢《金瓶梅續集》第三十二回說賣藥的王輌子在街上開了一個小鋪子，偷偷賣「廣東羊角騰津」，可見羊角騰津也來自廣東。

專賣廣東出產的日用品的廣貨鋪也賣假陽具，見載於清初人曹去晶《姑妄言》第十二回，書上說怕老婆的甘壽「信著腳步走到大街，見一個廣貨鋪內擺著幾根角先生賣」；可廣貨鋪兼賣假陽具作為日用品之一，是很多人知道的事。稱「廣貨鋪」可知店鋪一定不開設在廣東省，而是在江南或大陸北方；北平在清朝時就開有一家京廣雜貨鋪，後來改名「信義百貨商店」，猜想清朝紫禁城內的宮女也曾託太監或他人上京廣雜貨鋪買廣東生產的廣東人事或廣東羊角騰津吧！

為什麼假陽具成了廣東特產？是廣東人特別關注男歡女愛的貨品市場，還是廣東因香港被割讓給英國人，近水樓台得洋貨風氣之先呢？

六、洋貨鋪

清朝時各地的洋貨鋪也以販售假陽具著稱。民初天津人姚靈犀《思無邪小記》第一四四則就說「今之洋貨鋪⋯嘗售有⋯子宮保溫器」，也就是皮製陽具形暖水袋。近人葉靈鳳《世界性俗叢談》一書中提到洋人的假陽具發明史說：「這種東西是阿拉伯人的發明物，⋯歐洲，文藝復興初期（十六世紀）在意大利開始流行，因為那時候的貴族階級所過的是一種奢侈放浪的生活，後來才由意大利傳入法國。據說十七世紀的法國已經有玻璃和天鵝絨合製的男子偽器出售，這東西愈製愈精巧，已經進步到外附一枚中空的膠質小球，內充熱牛奶，用者在最緊要關頭用手指輕輕一按，便可替代男子那種神秘愉快的頂點動作。⋯⋯巴黎的那些專賣婦女裝飾品的小雜貨店，若是老闆娘坐店的，大都有這東西供應。⋯這種東西在英國十八世紀最流行，有一個名叫菲利浦斯夫人的女人，在倫敦萊塞特廣場以發售這種難以見人的玩具著名，它們是用一種特殊的橡膠質製成的，這比烏木或皮革縫成的更具有彈性，款式甚多，有一人獨用、有兩人共用，有縛在胯間或腳跟上，更有縛在下巴者……。」（見「難以見人的玩具」、「男子偽器」、「外國『兩頭忙』」三篇）

假陽具縛在下巴怎麼用？大概只有在俗稱「６９」的性姿勢中，才派得上用場吧，一笑。

七、流動攤販

在晚近各地夜市的流動攤販中，也有人偷賣假陽具的。流動攤販與古代的貨朗有些類似，但所賣貨物比較單一，或專賣各式鞋子，或專賣各式內褲，或專賣盜版ＣＤ、ＤＶＤ；就有的攤販專賣假陽具。

民國六十六年冬天，台北車站地下道出現了擺地攤賣「樂樂棒」的小販。樂樂棒全長約十七公分，可旋轉扭開成兩截；作為握柄用的下半截是白色、中空的，長約十公分，以便容納兩個三Ａ小電池，末端接著一個小燈泡；上半截粉紅色，長約五公分，直徑兩公分半，把電池裝好，把兩截管子旋接到一起後，向右旋則棒子末梢的小燈亮起，可當手電筒使用，鑽在被窩裡用來鑑賞女性私處，但光度很弱，便更見情趣；向左旋，則整支棒子震動不已，震力很強，用手緊握時，還有麻癢之感自掌心傳來，放入女性牝戶中，造成的騷動可以想見。

賣樂樂棒的小販是一個操大陸口音的中年男子，身材瘦高，皮膚略黑，他很天才地想出把一枝正在震動不已的樂樂棒放在一個馬口鐵製的大鍋蓋上，鍋蓋在地上，棒子在淺凹似盆的鍋蓋中跳動不已，發出響亮的噠噠噠聲，老遠就聽得到。

小販口中吆喝叫賣電動按摩器可以按摩肌肉、鬆弛身心，還親自拿另一根震動不已的樂樂棒在好奇的顧客頰頸間按摩一番，讓顧客了解它的威力。顧客在會心之餘，便掏出錢來完成了交易。當時一根樂樂棒賣七、八十元到一百二十元不等，價格不算便宜，因為有警察來取締，大約只賣了兩、三個月便消失了，後來又轉到萬華夜市擺過一陣子地攤，這個行業讓人聯想起清中葉的那幅「賣花婆」來。

▌擺地攤的小販也有賣假陽具者（晚清「點石齋畫報」石印版畫）。

古代中國也有情趣用品專賣店，是今日情趣用品店的濫觴。清初人曹去晶《姑妄言》第十三回說土財主童自大問家僕童祿說：「你可知道賣角先生的鋪子在哪裡？」童祿回答：「在承恩寺斜對過魆黑的那一條廊底下，有幾十家賣它，老爺到那裡，要幾擔也有。老爺要買得多，小的跟了去挑，也饒他幾個來頑頑。」童自大袖了個銀包，也不帶人，自己步到廊下，走入時，香氣竄腦，到一家鋪內，見擺列著無數，童自大揀了一個比他陽物粗長些的……。

引文描述，不就是今日情趣商店的光景嗎！

八、情趣商店

大約在民國七十六年蔣經國總統執政末期開放報禁、黨禁前後，隨著政治解嚴，在色情行業的掌控方面也跟著鬆弛下來，於是在歐美行之有年的情趣商店也在台灣各地如雨後春筍般地開張了。

情趣商店不光只賣電動假陽具，還賣性感內衣褲、情趣保險套和ＳＭ道具如皮頸圈、鐵鍊、腳鐐手銬等等。早期風氣未開，為免女性顧客不好意思，有些情趣用品店標榜老闆不露面，陳設貨品的店內空無一人，四周全是琳瑯滿目的各式色情製品，讓女性顧客自由自在地仔細挑選，而後到一角的小窗口付帳，老闆就躲在小窗口後面的帳房密室裡。

還有的情趣用品經銷商以發精美彩色ＤＭ（貨品目錄）給民眾，讓有意購買者照ＤＭ上的型號登錄，把貨款利用郵局劃撥的方式匯到經銷商的指定帳戶，再把情趣用品郵寄給顧客。現在利用電腦直接上網訂購，就更加便利了。

▌古代日本情趣商店販售的成人玩具匣，自右上順時針依序為：海鼠之輪（龜稜套）、道鏡鎧甲（肉具套）、兜形（龜頭套）、小張形（指套）、小張形、輪之玉（緬鈴）、秘女泣和（龜稜套）、加藤家朝鮮瀉（假陽套），最中央為假陽具。

古代日本婦女買回假陽具後的使用情形（西川祐信浮世繪春畫）。
左上：兩女互慰。左下：左撇女。右上：自慰。右下：假鳳虛凰。

第十二講
強化男陽攻擊力的祕密武器

清嘉慶年間春宮畫描繪婦人以白綾帶子替丈夫纏繫於陽具，以為敦倫助興之具，一旁朱漆圓盤中有假陽具和硫磺圈等物。

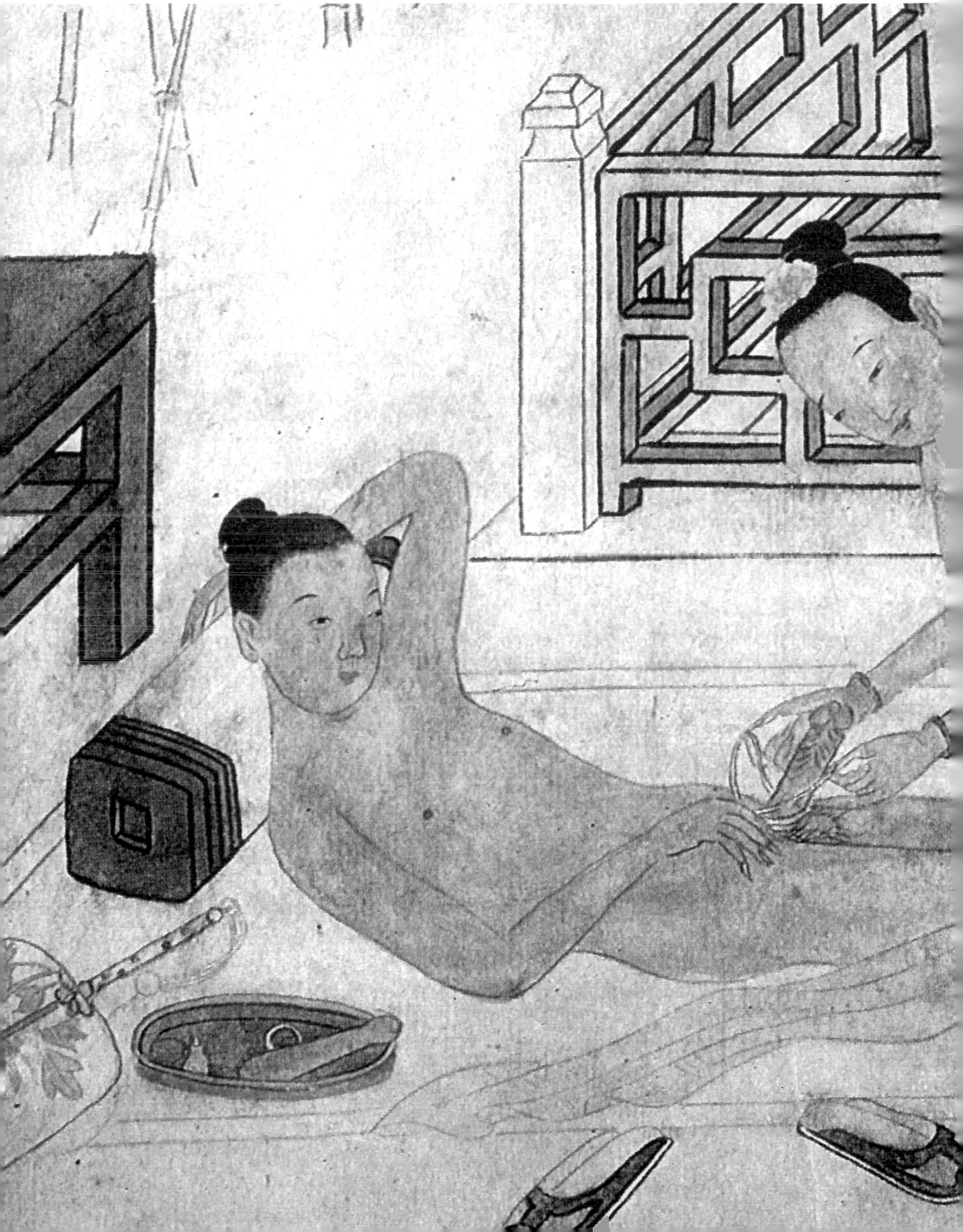

假陽具是男人閨房中的好幫手，類似的祕密武器還有不少，都和假陽具一樣可以幫助男人在女性面前抬頭挺胸、揚眉吐氣，作個雄糾糾、氣昂昂的男子漢、大丈夫。在古代中國，這類閨中秘器也多半和假陽具一起售給需要的顧客們，因此另闢一章專門介紹。

這類強化男陽攻擊力的祕密武器有：一、景東人事（龜頭套）；二、硫黃圈（龜稜套）；三、羊眼圈（龜稜套）；四、鵝毛箍兒（龜稜套）；五、銀托子（陰莖套）；六、美女相思套（陽具套）；七、懸玉環（陰莖環）；八、白綾帶子（如意帶）；九、風流如意袋（情趣保險套）；十、緬鈴（如意球）；今分述於下。

一、景東人事

「景東」是地名，在雲南省，「景東人事」指雲南景東縣出產的閨房用品，一如「廣東人事」指廣東出產的假陽具一樣。景東人事是一種龜頭套子，它把龜頭完全罩住，作用有二：一是使龜頭變硬以治陽痿；二是降低龜頭敏感度以防止早洩。為了讓景東人事可以套牢龜頭，它一般是開口微束的，以便套在龜稜的凹槽（冠狀溝）上，這種玩意兒在古代日本稱之為「兜形」。日人月岡雪鼎在西元一七六九年繪印的浮世繪春冊「艷道日夜女寶記」中，就有兜形的描繪和它戴在男子龜頭上的模樣的圖示（見下頁附圖）。

景東人事這種龜頭套子見載於明人蘭陵笑笑生《金瓶梅詞話》第十九回，說江湖郎中蔣竹山娶李瓶兒為妻，「圖婦人（李瓶兒）歡喜，修合了些戲藥（壯陽媚藥），都門前買了些甚麼景東人事、美女相思套之類，實指望打動婦人心。」但是這裡並沒有詳細說明景東人事的形狀和用法。

同書第七十九回裡，土財主西門慶與僕人韓道國的妻子王六兒姦戲時，也曾使用景東人事，書上說：「飲至半酣，見房內無人，西門慶……龜頭又戴著景東人事……」可見它是一種龜頭套子，材質可能是一種皮革，將皮革打磨變薄後縫製而成。

在一九六七年出版的《遠東色情藝術》（Die Erotik Im Fernen Osten）一書中，在三一〇頁上有一幅日本浮世繪「女悅笑道具正寫」，日文「笑道具」意指性愛用具，

日人月岡雪鼎浮世繪「艷道日夜女寶記」中的兜形和使用方法圖示。

其中就有一個「兜形」，它的形狀正是個龜頭套子，應當就是明朝時中國人口中的「景東人事」吧！可惜原書為黑白印刷，無法得見彩色原貌。

日本浮世繪畫家北尾重政的「艶本色見種」（西元一七七七年刊印）春畫，描繪一位寡婦正在替情郎的陽具龜頭上套一個兜形，圖上方的文字是寡婦說：「有了這個就不怕懷孕了，以後你就繼續戴著這個吧。」男人則說：「這玩意兒可真不簡單哪。」原來兜形可以貯存男人射出的精液還有避孕的功效。

二、硫黃圈

硫黃圈也見載於《金瓶梅詞話》，是西門慶常用的一種淫具，它大概是一個浸含硫黃粉末的皮革圓環，大小剛好套在龜稜的凹槽上，當男陽進出牝戶時，硫黃遇水會在陰道中產生緊澀和熱燙的作用，讓男人覺得陰戶緊窄，讓女人覺得熱燙刺激。這種玩意兒在古代日本稱為「海鼠之輪」。

《金瓶梅詞話》第三十八回說西門慶與家僕韓道國

▌日本北尾重政浮世繪「艷本色見種」描繪寡婦替情郎在龜頭上套兜形。

之妻王六兒偷歡時，「西門慶見婦人（王六兒）好風月，一逕要打動她，家中袖了一個錦包兒來，打開裡面，銀托子、相思套、硫黃圈、藥煮的白綾子、縣玉環、封臍膏、勉鈴…一弄兒淫器。那婦人仰臥枕上，玉腿高蹺，口舌內吐，西門慶…將硫黃圈套其首……。」可見硫黃圈是套在龜頭（首）之下的。

在明朝無遮道人《海陵佚史》上卷說金朝海陵王完顏亮的昭妃阿里虎「初未嫁時，見其父沒里野修合美女顫聲嬌、金鎗不倒丹、硫磺箍、如意帶等春藥，不知其何所用，乃竊以問侍婢阿喜留可曰：『此名何物？而郎罷囝（金人稱父親之名詞，囝音囮）急急治之。』阿喜留可曰：『此春藥也。男人與婦人交合不能久戰者，則用金鎗不倒等藥；男陽不堅硬粗大者，則用如意帶、硫磺箍等藥，總是交合時取樂所用也。』」引文中的「硫磺箍」，應當就是《金瓶梅詞話》一書中的硫黃圈。稱硫磺箍為「藥」，是因為它能發揮藥效，讓男陽不粗大者覺得陰道緊澀；讓女人牝戶受到刺激，容易達到高潮，讓男陽不堅硬者也能滿足異性。

日人月岡雪鼎浮世繪春冊「艷道日夜女寶記」中，有

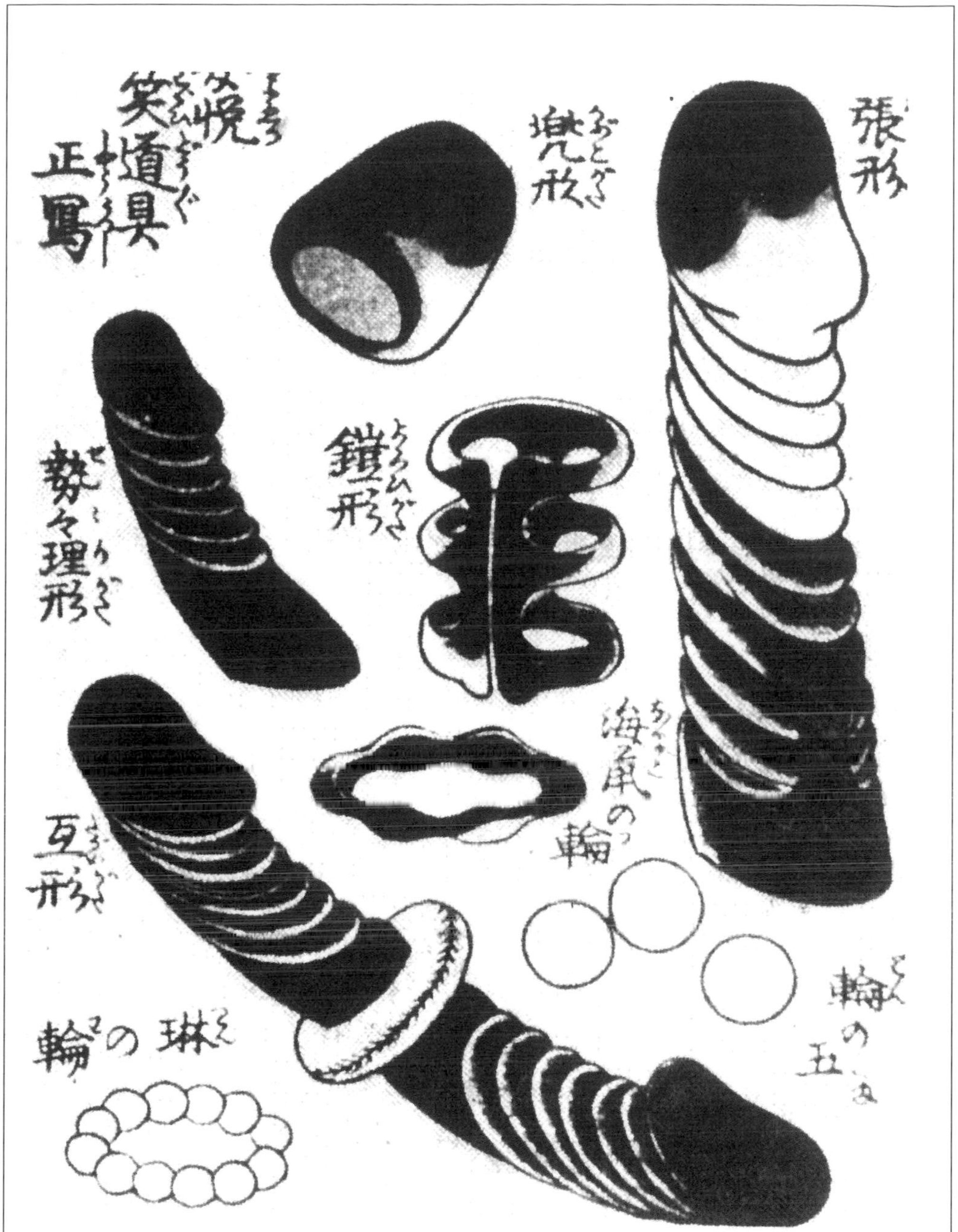

▍日本浮世繪「女悦笑道具正寫」中的各式淫具。

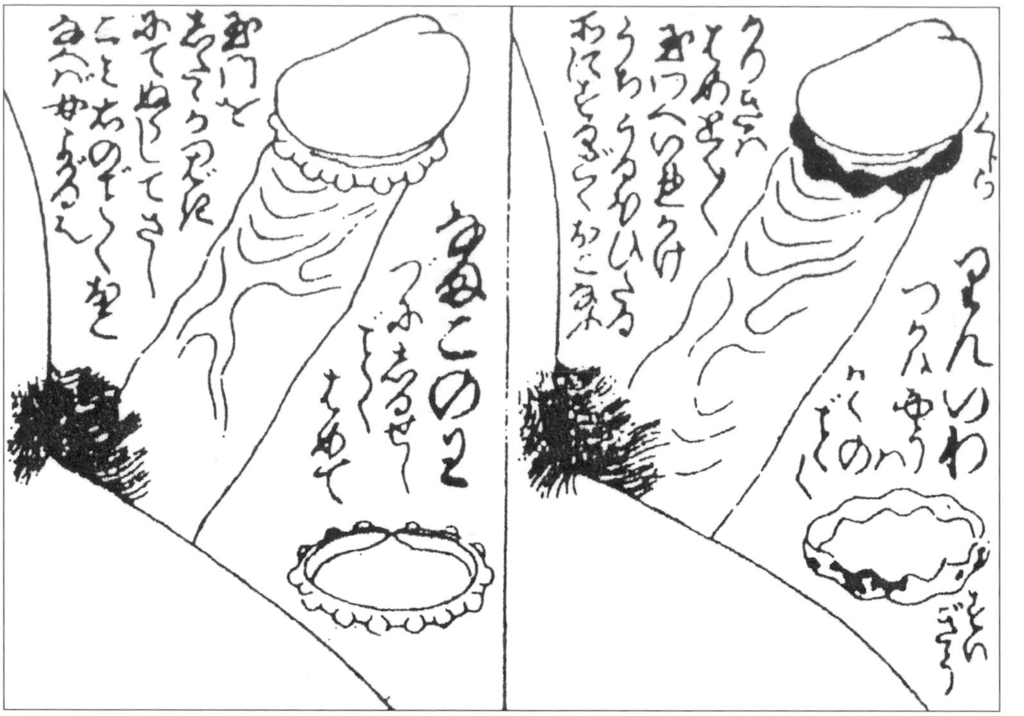

日人月岡雪鼎浮世繪「艷道日夜女寶記」中的「海鼠之輪」。

波浪狀圓輪性玩具和它套在龜稜下凹槽的圖示，稱作「海鼠之輪」，就是中國的硫黃圈。圖上說明道：「沾上唾液套在龜稜下，按圖操作，插入女陰，即可讓女性感到歡快。」

日本浮世繪大師葛飾北齋的「喜能會之故真通」（見下頁附圖）描繪一對中國男女正在做性愛之前戲，男子抬舉貴婦之左腿，以搔杖搔扒她的牝戶，男人陽具的龜稜下則套著海鼠之輪，似乎暗示這種性玩具來自中國，即中國人所發明的硫黃圈。

三、羊眼圈

把羊的眼眶連睫毛一起挖下來洗淨曬乾，就是聞名江湖的性愛用品羊眼圈了。

羊眼圈的製法和用法，在清宮秘藏《養生譜》一書中的第三章「風流具」內有所描述，書上說：「先將羊眼睛取下，僅留眼眶，然後用利刀小心剖去眼眶之肉，剩其薄皮之圈，羊眼毛則附留於圈上，勿把毛割去。此圈製成之後，防其腐化，宜用石灰淹之，過數日將之取出洗淨，

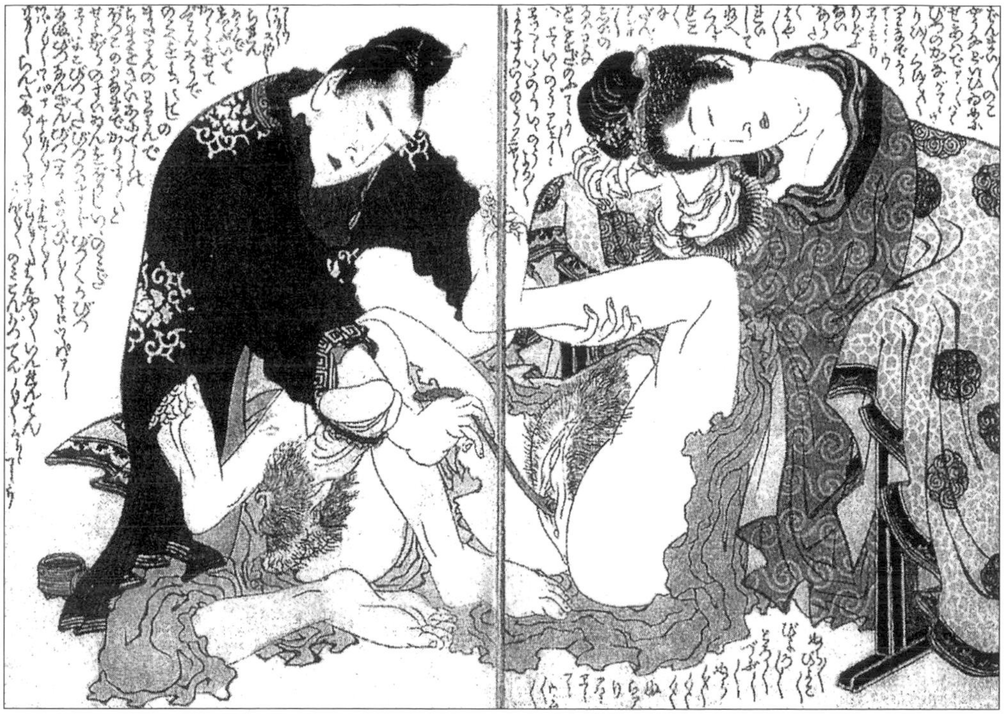

日人葛飾北齋「喜能會之故真通」描繪龜棱戴硫黃圈的中國男子以搔仗戲弄女子牝戶。

置於飯上蒸軟，俟乾後，重新又以石灰淹之，如是反覆三次，圈即可溫柔不壞。用時將圈於熱茶中浸軟，套於莖頭之低凹處，交接時因其眼毛磨觸陰部，女之美快不可言狀。事畢除下，仍用茶洗淨，留作下次之用。」

有的情趣用品店也有羊眼圈出售，每個用塑膠小袋密封好，大小尺寸不一；選購時要買和自己陽具勃起時肉莖粗細相同的羊眼圈，若太小會勒痛陰莖，若太大（大於龜稜）則必定會脫出滯留在牝戶中，介於自己陽具肉莖直徑與龜稜直徑之間的尺寸就是最合適的大小。

情趣商店另有類似羊眼圈的淫具，稱作「幸運環」，它是以騾子粗硬的鬣毛（頸背毛）製成，用一根細繩編好，使用時將細繩綁在陽具的龜稜下，則騾鬣毛根根怒張，就能發揮和羊眼圈同樣的功效了。

四、鵝毛箍兒

從名稱來看，它應該也是類似羊眼圈套在龜稜下方凹槽的一種成人玩具，陽具進出時，利用鵝毛來刷弄女性的陰道，以達特殊的刺激效果。

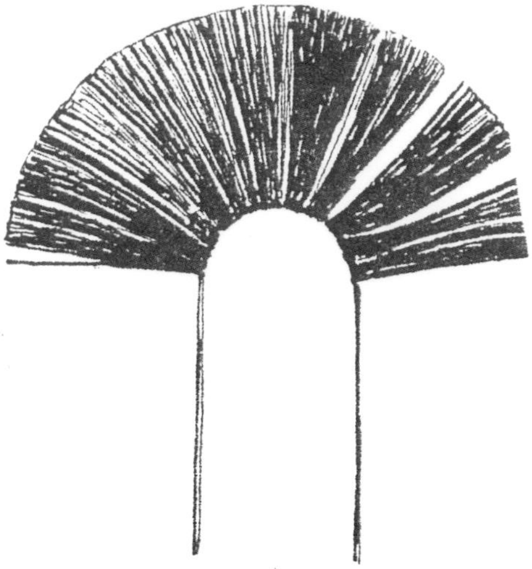

用騾子的鬣毛做一圈「幸運環」是一種很昂貴的淫具。

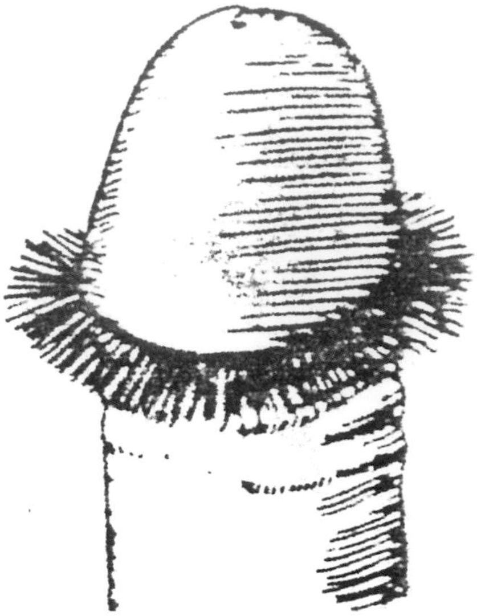

「羊眼圈」套在陰莖下的冠狀溝上。

套著羊眼圈的乾葫蘆假陽具，一旁的青檸檬可對比大小。

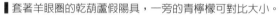

這種閨中秘器見載於明萬歷二十五年（西元一五九七年）前後出版的《繡榻野史》，作者呂天成在卷三末尾說揚州秀才東門生與趙大里是對男同性戀人，零號的趙大里與東門生之妻金氏有私，東門生便誘姦了趙大里的寡母麻氏。書上說：「麻氏把兩手緊緊扳住了東門生的腰，把兩腳高高擱在東門生肩上，東門生就跪起挺了腰，卵上套了鵝毛箍兒，著實墩了一百多墩，麻氏只管叫道：『爽利』。」

鵝毛箍兒只見於《繡榻野史》一書中記載，其他筆記小說、色情文學中都不見描述，中外春宮畫中也不見有人使用，或許明中葉之後它便失傳了。

五、銀托子

它是用銀製造的一種箍子，用來束住陽具的肉莖，以保持其堅挺，讓陽痿男子借以持續抽送的動作，以免讓女子掃興。銀托子在古代日本稱作「鎧形」（見浮世繪「女悅笑道具正寫」中的圖例），它巧妙地做成「非」字形，而兩邊的三橫相連成環，用以套住肉莖，中間的兩直是個開口，可以拉開套住肉莖後再捏合以防脫落。日本還有一種用角骨磨製的「道鏡鎧甲」，是四個圓環上下並列用三根直棍相連之形，在陽具未勃起時直接套入肉莖，等陽具勃起變粗後，就剛好嵌附在肉上而不致鬆脫了。在日人月岡雪鼎的浮世繪春冊「艷道日夜女寶記」和葛飾北齋的浮世繪春冊「萬福和合神」中，都有道鏡鎧甲的描繪和它嵌入男陽肉莖上的圖示。

銀托子或鎧甲、鎧形除了增強肉莖硬度外，還有環狀凸稜在抽送時可以磨擦陰道，增加女性的快感，銀托子還經春藥煮過，有刺激牝戶的功效；這種一舉三得的淫具甚得花花公子西門慶的喜好，是他最常使用的閨中秘器。《金瓶梅詞話》一百回故事中，提到西門慶使用銀托子的地方共有七處，分別是：

西門慶……根下猶戴著銀打就、藥煮成的托子。（第四回與武大郎之妻潘金蓮偷情時）

西門慶……先使上銀托子，次用硫黃圈，初時只在牝口來回擂晃，不肯深入，急得婦人（潘金蓮）仰身迎播，口中不住聲叫「達達快些進去

日人月岡雪鼎「艷道日夜女寶記」中的道鏡鎧甲和使用法圖示。

罷，急壞了淫婦了」……（第二十七回潘金蓮醉鬧葡萄架）

西門慶乘著酒興，順袋內取出銀托子來使上，婦人（王六兒）用手打弄，見奢稜跳腦、紫強光鮮，沉甸甸甚是粗大，一壁坐在西門慶懷裡，一面在上兩個且摟著脖子親嘴，婦人乃蹺起一足，以手導那話入牝中。（第三十七回與僕人韓道國之妻王六兒偷姦）

西門慶先把勉鈴教婦人（王六兒）自放牝內，然後將銀托束其根、硫黃圈套其首，封臍貼于臍上。婦人以手導入牝中，兩相迎湊，漸入大半。（第三十八回與僕婦王六兒姦戲）

西門慶坐在枕頭上，那話戴著兩個托子，一味弄得大大的，露出來與她（潘金蓮）瞧。婦人燈下看見，諕（嚇）了一跳，一手搯（握）不過來，紫巍巍、沈甸甸，約有虎二（一虎口長十八公分，虎二就是二十公分粗）……（第五十一回）

婦人（潘金蓮）被他（西門慶）再三纏不過，說道：「奴只怕挨不得你這大行貨，你把頭子上圈子

▌日人葛飾北齋「萬福和合神」描繪富商澤山屋有助在肉莖上套了道鏡鎧甲與妻子大須景交歡，左下方黑匣子中還有白綾帶子、緬鈴等成人玩具。

去了一個，我和你耍一遭試試。」西門慶真個除去硫黃圈，根下只束著銀托子，令婦人馬爬在床上，屁股高蹶，將唾津塗抹在龜頭上，往來濡研頂入，龜頭昂健，半晌僅沒其稜……。（第五十二回）

婦人（潘金蓮）……趴伏在西門慶身上倒澆燭，摟著他脖子，只顧揉搓，……揉一回，那話漸沒至根，餘者被托子所阻，不能入。婦人便道：「我的達達，等我白日裡替你縫一條白綾帶子，……扎拴後邊，腰裡拴得緊緊的，又靈活、又得全放進，強如這銀托子阻撓著，格得人又疼，又不得盡美。」（第七十二回）

從上而七段引文可知銀托子可經藥煮而添春興，放在肉莖根上，有時用一個、有時可用兩個，但有時尺寸過粗，放不進牝戶內，反倒把女人的陰唇撞疼了。

在日本江戶晚期的浮世繪大師葛飾北齋所繪「萬福和合神」春宮冊頁第五圖中，描繪好色的富商沢山屋有助與二十三歲的嬌妻大須景敦倫時，就使用了類似銀托子的道鏡鎧甲，束套在肉莖上。

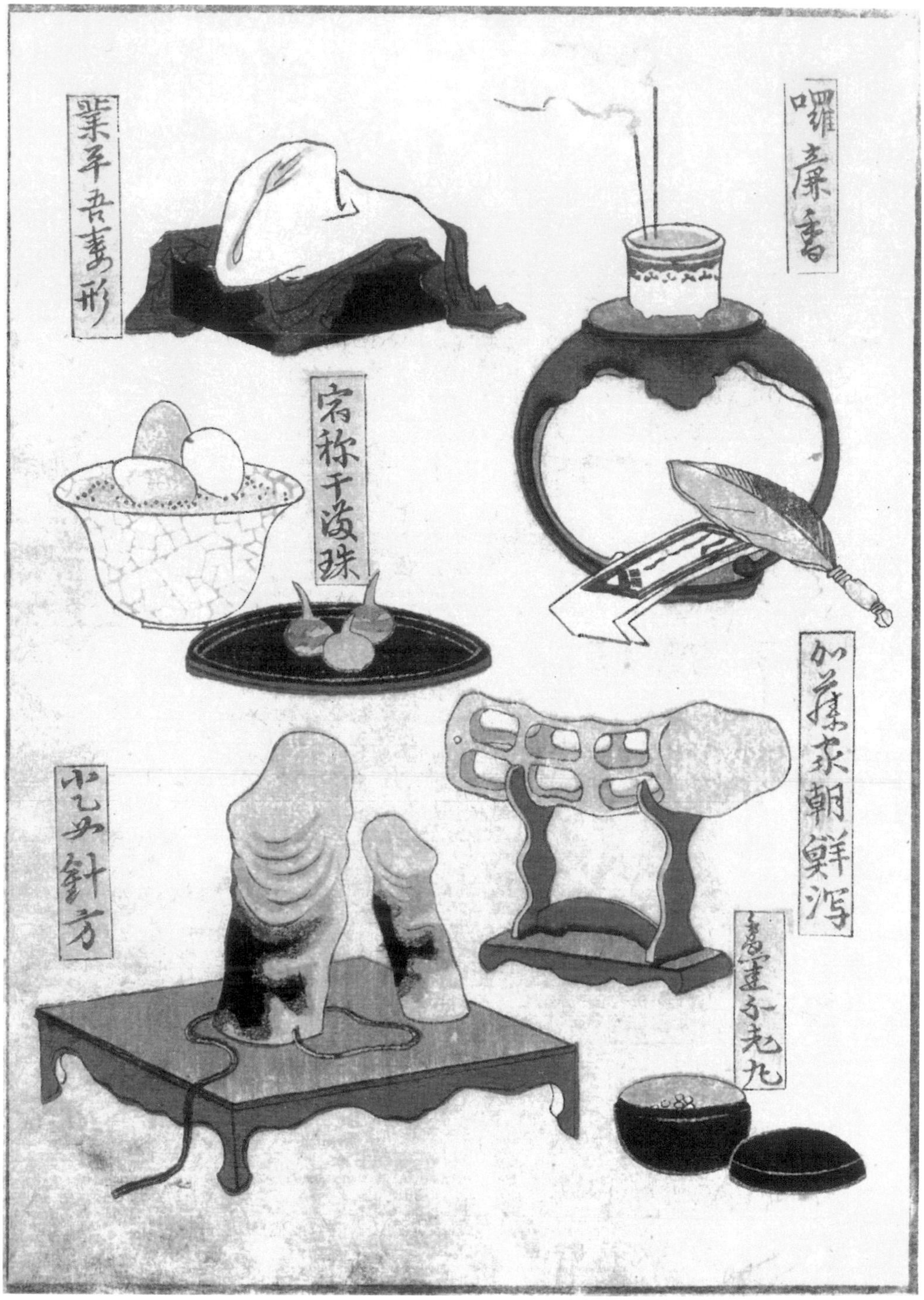

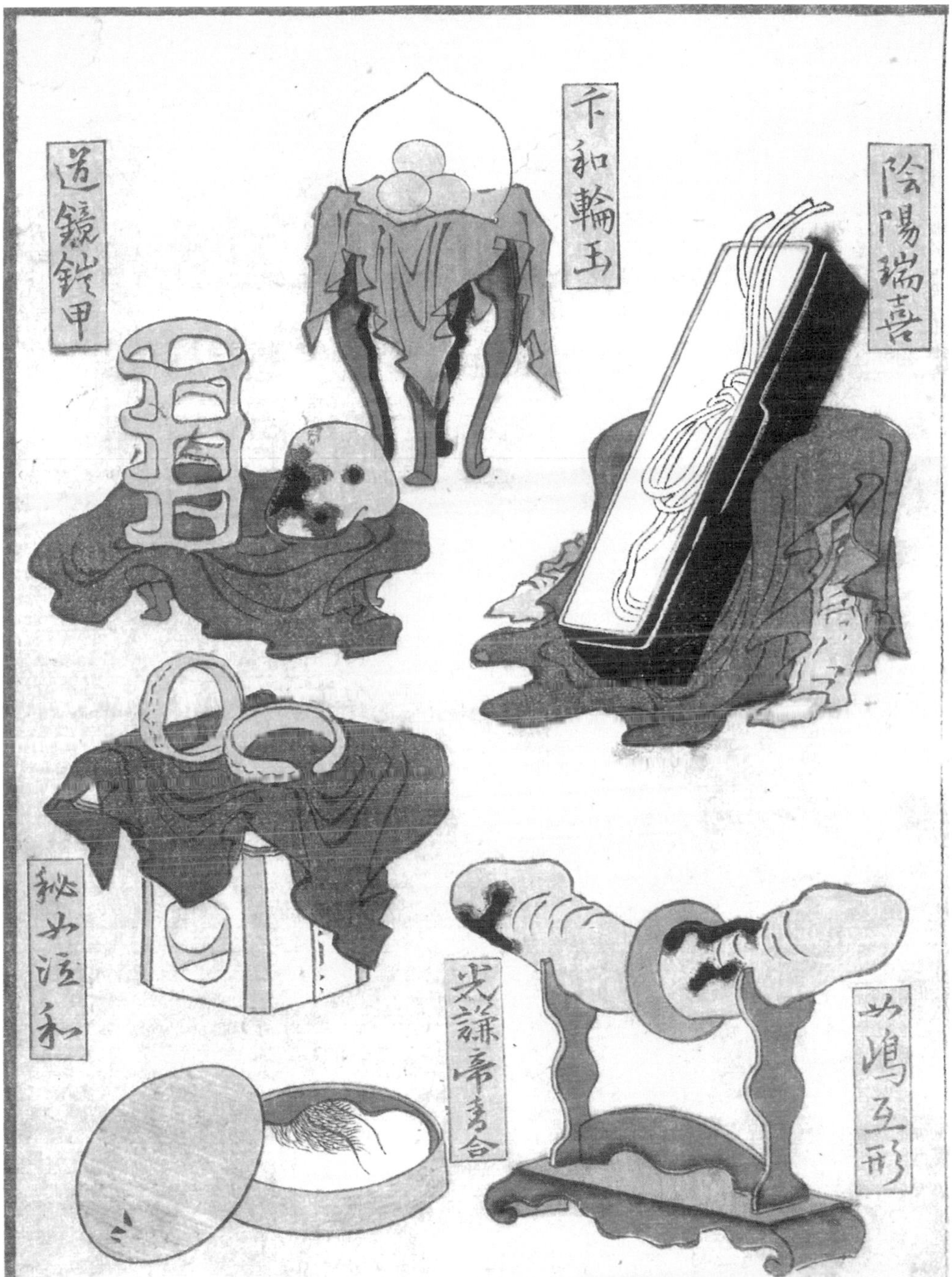

▌日人葛飾北齋「萬福和合神」中的「江戶時代的性具」。

六、美女相思套

從字面去了解，「美女相思套」是一種套在男人陽具上的套子，有增強男性雄風的作用，讓女人消魂蝕骨而思念不已，那麼它就應該是一種硬殼中空的假陽具，正式名稱叫「陽具套子」，學名「屌蛻」（仿「蟬蛻」而來），俗稱「雞巴殼子」。在日本浮世繪大師葛飾北齋的「萬福和合神」春宮冊頁中，第二圖「江戶時代的性具」就是描繪江戶晚期（西元一八三〇年代）上流貴族社會男女性交時所使用的各種成人玩具，其中的「加藤家朝鮮瀉」、「小乙女針方」都是美女相思套一類的東西，日本人特稱之為「張形」，也就是張開有口的形狀物；又稱之為「助舟」，指讓勃起不全的男人套在男根上使用，男根便可像坐船一樣直接航入女陰之中了。

美女相思套出現在《金瓶梅詞話》第十九回，說江湖郎中蔣竹山娶了容貌美麗、皮膚白嫩的李瓶兒為妻，「圖婦人喜歡，修合了些戲藥，都門前買了些景東人事、美女相思套之類，實指望打動婦人心。」除此之外，其他色情章回小說中不見有關美女相思套的記述。

美女相思套也有小號的，可以套在手指上，伸入女陰後，利用手指的靈巧彎曲轉向和套子上粗糙不平的表面，讓女人很容易獲得高潮而噴出「第三種水」，日本人稱之為「潮吹」。這種小張形在日本浮世繪「女悅笑道具正寫」中，也有圖例，在左方題作「勢勢理形」，與右方的張形圖明顯地有大小之別；另外在葛飾北齋的「萬福和合神」第二圖「江戶時代的性具」右圖左下方「小乙女針方」，也是一大一小，小的應該也是套在男人食指或中指上使用的。日本浮世繪畫師小松屋百龜在「訓蒙好色圖彙」中（見下頁附圖），就描繪一名好色的中年男子在右手食指上套了一個小張形來狎玩一名少女，還戲謔地問道：「怎麼樣，這樣搞舒不舒服？」少女瞇著眼睛，伸手推拒著，似乎嫌太過刺激了。

近代韓裔日籍女作家柳里美在《男》一書中的「手」說：「性愛是以手開始，以手結束。……如果是的話，應該會有一種套在手指上用的情趣用品叫『張形』。……是一種做成陰莖形狀的情趣用品。」想柳里美一定用過這種套在手指上的小張形，才如此內行地寫出上面這一段話來。

日人小松屋百龜浮世繪「訓蒙好色圖彙」中男子右手套一指形假陽狎弄少女牝戶。

手指用美女相思套在現今情趣用品店也有販售，三個一組包裝出售，用透明軟硬適中而略有厚度的塑膠製成，大小剛好可以套在食指上，略緊而不虞滑脫，在指紋部位有三種不同顆粒狀凸起，男人偷偷戴上它，因為是透明的，便彷彿沒戴，在愛撫情人下體時，會讓她有意外的驚喜與刺激，花容失色地訝問：「怎麼你的手指頭長毛了？」

七、懸玉環

懸玉環是束縛在陰莖根部的一種環狀物，要把一根「香腸」和兩顆「滷蛋」全都束在前方呈懸空狀態，讓玉環緊貼胯間皮膚。它的作用是讓充血勃起的男陽在用玉環束縛之後，血液無法回留到腹腔，陽具也就因而不致疲軟，是陽痿男子的理想輔助工具。在日本浮世繪「女悅笑道具正寫」中的「輪之玉」和「琳之輪」都屬於懸玉環一類的情趣用品，是玉製的環或由小玉珠串起的圓環；另外在葛飾北齋「萬福和合神」浮世繪春宮冊頁第二圖「江戶時代的性具」中，有一個「秘女泣和」，它又叫作「姬泣

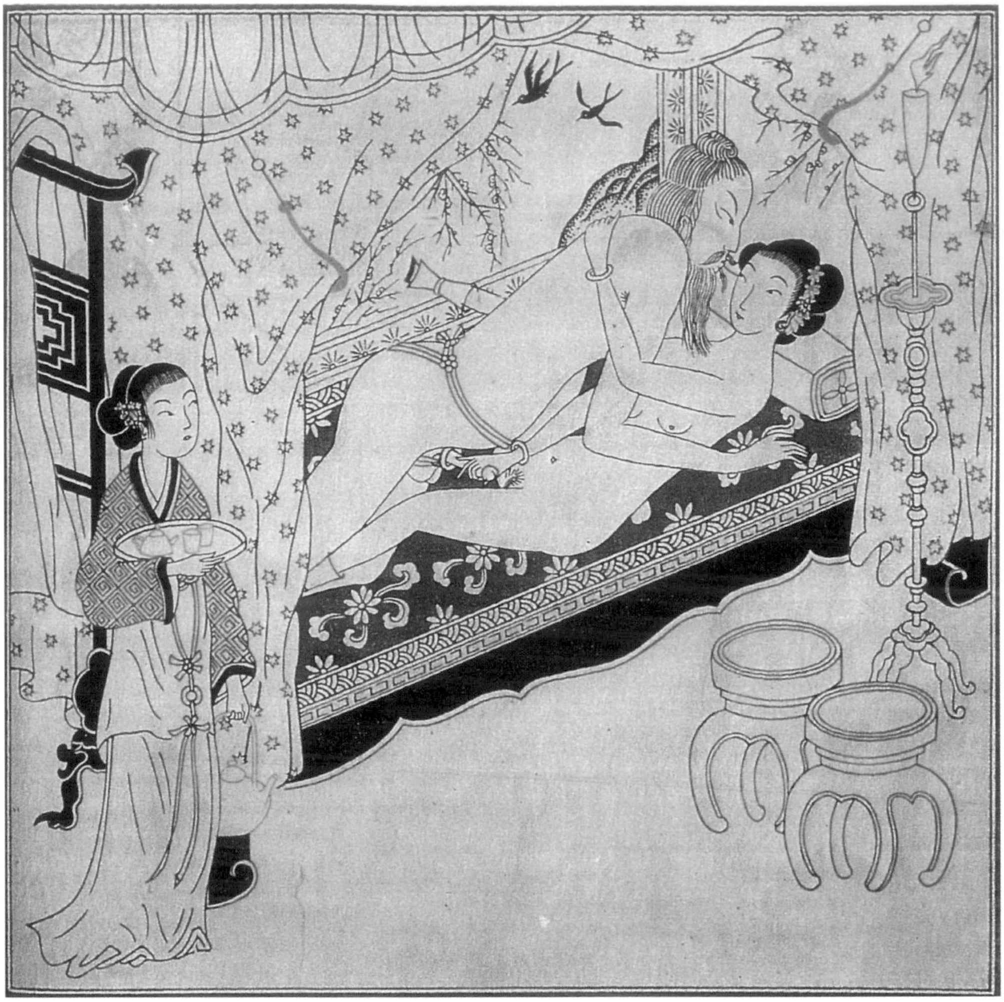

晚明春宮冊頁「鴛鴦秘譜」中的老男人以懸玉環束於肉莖與少女交歡。

輪」，意思是可以把女人搞到哭泣乞和求饒還不洩精的小圓環。它是金屬製的屌環，有的還有缺口，不環而玦，尺寸有伸縮性，就更為實用了。

明人蘭陵笑笑生《金瓶梅詞話》第三十八回說土財主西門慶姦戲家僕韓道國之妻王六兒時，隨身帶的淫器包裡，就有一枚懸玉環。

晚明天啟四年（西元一六二四年）刊印的五色套印春宮版畫冊《鴛鴦秘譜》（共三十圖），其第四圖描繪一個風流老男人娶嫩妻，在牙床錦帳中與嫩妻交歡，因為上了年紀擔心陽痿，就用懸玉環束在肉莖上以保持性具勃起，以便討嫩妻之歡心，懸玉環應該連睾丸一起束住，此圖繪者不明正確用法，畫成只束住肉莖，功效就要大打折

清中葉「小妾開苞圖」春畫中男子以布帶緊束陽物根部以防陽痿。

扣了。

古代懸玉環有玉製和金屬製兩大類，還一種更簡便的方法，說明白後一文不值，就是用一條布帶把性具從根部紮緊，讓一根「香腸」兩顆「滷蛋」懸空而立、勇往直前，多餘的布帶則紮到腰後。在清中葉佚名畫家的「小妾開苞圖」，畫大婦抱持著小妾張開兩股讓丈夫開苞，男子脫光衣褲後，露出用布帶紮緊根部昂首而立的陽具，面露奸詐的笑容，像是說：「等一下妳就知道我的厲害了。」

現今情趣用品店的懸玉環多半是金屬製或塑膠製品，稱作「陰莖環」，此外還有橡膠製品，就更具彈性而實用了，我看過一種陰莖橡膠環，是大小兩個肉色橡膠環用一條單面布滿數十根高約一．五至兩公分條狀凸起的狹長韌帶相連接。大環粗〇．七公分、內徑寬三．八公分，束於睪丸後方；小環粗〇．三公分、內徑寬二．五公分，套在龜稜凹槽上，套時讓韌帶上有條狀凸起物的一面朝外，負責進出牝戶時磨擦陰道，真是巧妙的設計、完美的組合。

八、白綾帶子

現代人提起「白綾帶子」多半覺得陌生，在古時候，它卻是僅次於角先生的最常見閨中情趣用品，比銀托子、硫黃圈、美女相思套……都更加出名。顧名思義，不就是一條用白綾裁剪縫製而成的帶子嗎？有啥稀奇？不然，它是用特殊配方的中藥材煮過，或把媚藥藥粉裝在帶內縫起，具有壯陽功效的情趣用品。

關於白綾帶子的製做方法，在明萬曆年間《金瓶梅詞話》第七十三回有詳細說明：「潘金蓮想著要與西門慶做白綾帶兒，不知（不覺）走到房裡拿過針線匣，揀一條白綾兒，用扣針兒親手鍬攏（縫合）帶兒，用纖手向減妝磁盒兒內傾了些顫聲嬌藥末兒裝在裡面周圍，又進房來，用倒口針兒撩縫兒甚是細法，預備晚夕要與西門慶雲雨之歡。」也就是把一條長布條縫成布帶，在縫合之前先往裡面裝填些媚藥。

而白綾帶子的使用方法在同書同卷上說：「西門慶道：『妳整治那帶子了？』婦人（潘金蓮）道：『在褥子底下不是。』一面探手取出來，與西門慶看了，扎在塵柄根下，繫在腰間，拴得緊緊的。」從行文描述，正是前面介紹那幅清中葉佚名畫家「小妾開苞圖」春畫中男子胯下腰間布帶的紮法。

白綾帶子的效果如何？書上接著說：「只見奢稜跳腦，挺身直舒，比尋常更舒半寸有餘。婦人（潘金蓮）扒在（西門慶）身上，龜頭昂大，兩手撐著牝戶往裡放，須與突入牝中。…那消幾揉，那話盡入。婦人道：『達達，你把手摸摸，多全放進去了，撐得裡頭滿滿兒的，你自在不自在？多揉進去了。』西門慶用手摸摸，見盡沒至根，間不容髮，止剩二卵在外，心中覺翕翕然，暢美不可言。婦人道：『…這帶子比那銀托子好，強如格得陰門生疼的，這個顯得它（陽具）多大，又長出許多來，你不信摸摸我小肚子，七八頂到奴心。』」白綾帶子自陽具根部貼著小肚子皮膚緊緊，把性具往前擠，顯得更長些，也脹得更粗些，讓女性獲得了更大的歡愉。

白綾帶子可滿足婦女的情慾，又有「如意帶」之別稱。晚明無遮道人《海陵佚史》上卷說金海陵王昭妃阿里虎未嫁時看見父親沒里野修合美女顫聲嬌、金鎗不倒丹、硫磺箍、如意帶等等春藥淫具，以便交合時取樂，書上說的「如意帶」應當就是白綾帶子的別稱。

白綾帶子可以自己縫製，賣假陽具的鋪子也有得賣。清初人曹去晶《姑妄言》第十三回說土財主童自大到承恩寺斜對街的小舖裡買了三根假陽具，原本只要三、五錢銀子的，被老闆敲竹槓要了二兩銀子。老闆佔了大便宜，有些過意不去，「就取過一根白綾帶子，有五、六寸長，中一段裝著藥，說道：『行房時將這帶子束在根下，比每常分外堅久粗硬，一根可用五七次；尊駕若試驗果好，下次還求照顧。』拿一張綿紙，同那角先生包在一處。」

書上接著說童自大回家後與妻子鐵氏交歡時，「將白綾帶子束在陽物根下」而後行房，結果「那陰中之水……將白綾帶的藥性泡發，那陽物脹得分外粗大，其熱如火。……滾熱的這件硬物出出進進，樂得她聲喚都叫不出來。」

清朝嘉慶年間的一幅春畫「竹蔭銷夏」，描繪一對男女在竹蔭下鋪了蓆子交歡。天氣太熱，男了一絲不掛地仰躺著，頭倚方枕；披水藍色上衣，下半身也已脫光的簪花婦人跨騎在男子併攏的雙腿上，正忙著用白綾帶子將男子勃起的陽具纏束好打個活結，準備好好享用一番。畫家對白綾帶子已不是十分了解，誤畫婦人綁帶子時綁在肉莖下端睪丸之上，應該是綁在睪丸貼近下腹的部位，把肉具與睪丸綁在一起才對，才有防止血夜回流而陽痿的效果。

白綾帶子在日本江戶時代也十分流行。前引葛飾北齋的浮世繪「江戶時代的性具」中，放在長方形黑色小木盒中的「陰陽瑞喜」，就是中國的白綾帶子；在日本，它又稱作「肥後芋莖」、「肥後瑞喜」。日人久保森丸於二十世紀初繪了一幅「四面歡喜佛」，圖左下方那隻佛手中握的捲帶子，就是閨中秘器白綾帶子。此一歡喜佛四面八手，兩手當胸手印作女陰之形，右邊三隻手由上而下一手指作男女交媾之手印，一手握蘑菇形假陽具，一手托三粒緬鈴（見下文詳釋）；左邊三隻由上而下則分別握著雙頭假陽具（日人稱「同兩首」或「互形」）、長命丸和白綾

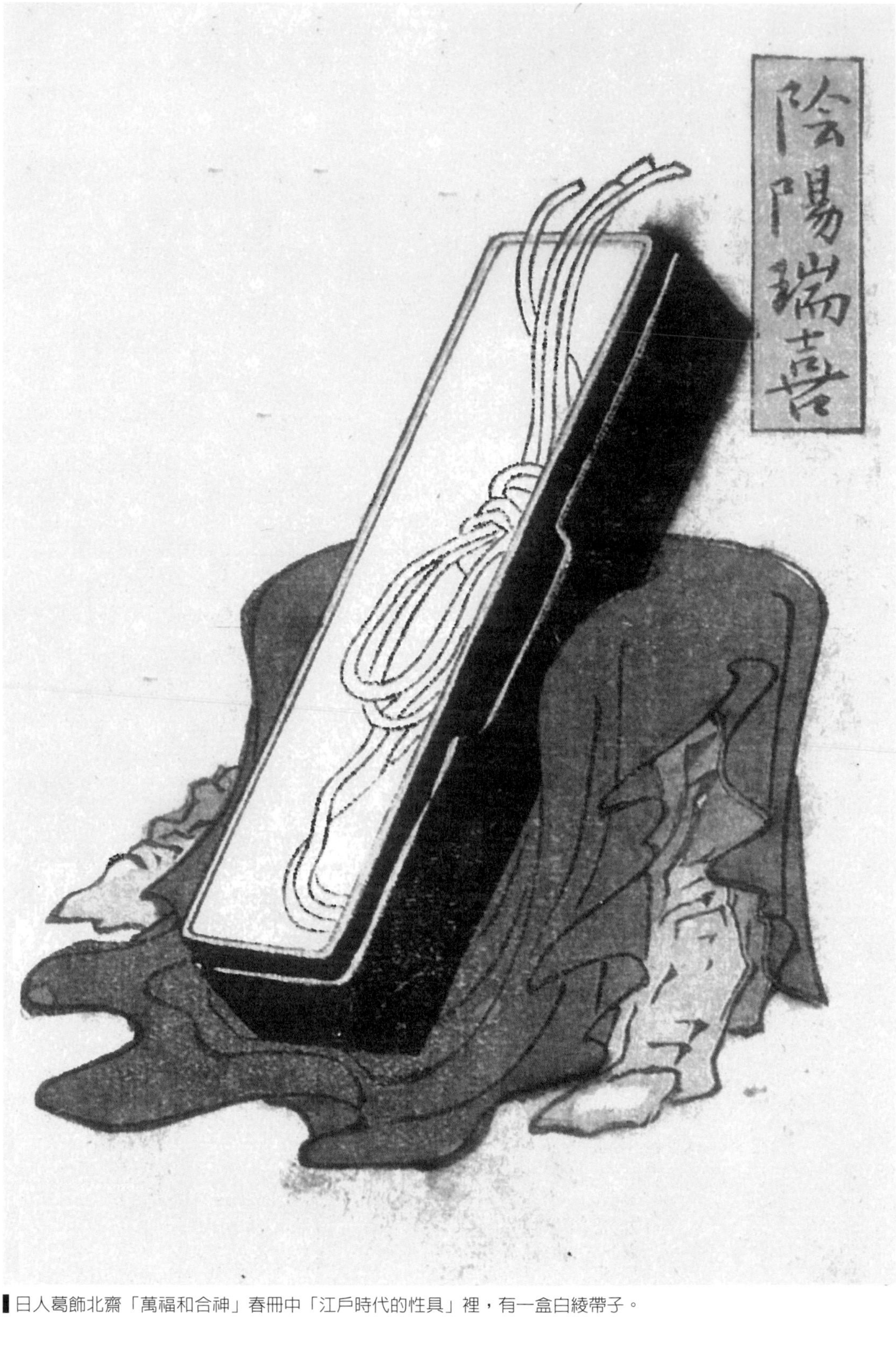

▌日人葛飾北齋「萬福和合神」春冊中「江戶時代的性具」裡，有一盒白綾帶子。

日人葛飾北齋「萬福和合神」中一圖，隱約可見男子陽具上繫有白綾帶子，致使女子樂極吐舌，仕人吮吃。

日人久保森丸「四面歡喜佛」。

帶子。

日人使用白綾帶子的纏束法花樣更多，有的是將帶子一圈一圈纏繞在陰莖肉具上綁好，使肉莖更粗大，日本浮世繪晚期著名的畫師溪齋英泉有一幅「艷本美女競」，就畫一對夫妻在做愛前，妻子正以肥後芋莖一圈一圈地纏繞在丈夫的陽具上，丈夫則教導她說：「綁肥後芋莖的時候，最好從根部開始纏繞，一直繞到頭部為止。」

日人西川祐信的浮世繪春畫「好戲在後」也描繪一個跪坐在榻榻米上的男子正以肥後芋莖一圈一圈地纏繞在陽具上，一邊安慰仰躺在旁、雙腿大張、迫不及待的妻子說：「別急，好戲在後頭呢！」

另外在葛飾北齋的浮世繪春畫「喜能會之故真通」，也畫一對年輕夫妻正在敦倫，妻子仰躺在床，丈夫兩肩扛起妻子雙腿，把纏著肥後芋莖的肉具聳入妻子牝戶中，一邊得意地問：「怎麼樣？綁上肥後芋莖之後，更酷了吧？」從露出一半的肉莖看得出不是一圈一圈的平行纏繞法，而是交叉互纏法。

這種纏法在日本浮世繪「女悅笑道具正寫」中也有圖示，稱「芋空肥後芋莖」，是把兩根白綾帶子的中央點交

日人溪齋英泉「艷本美女競」畫妻子替丈夫在性具上綁白綾帶子。

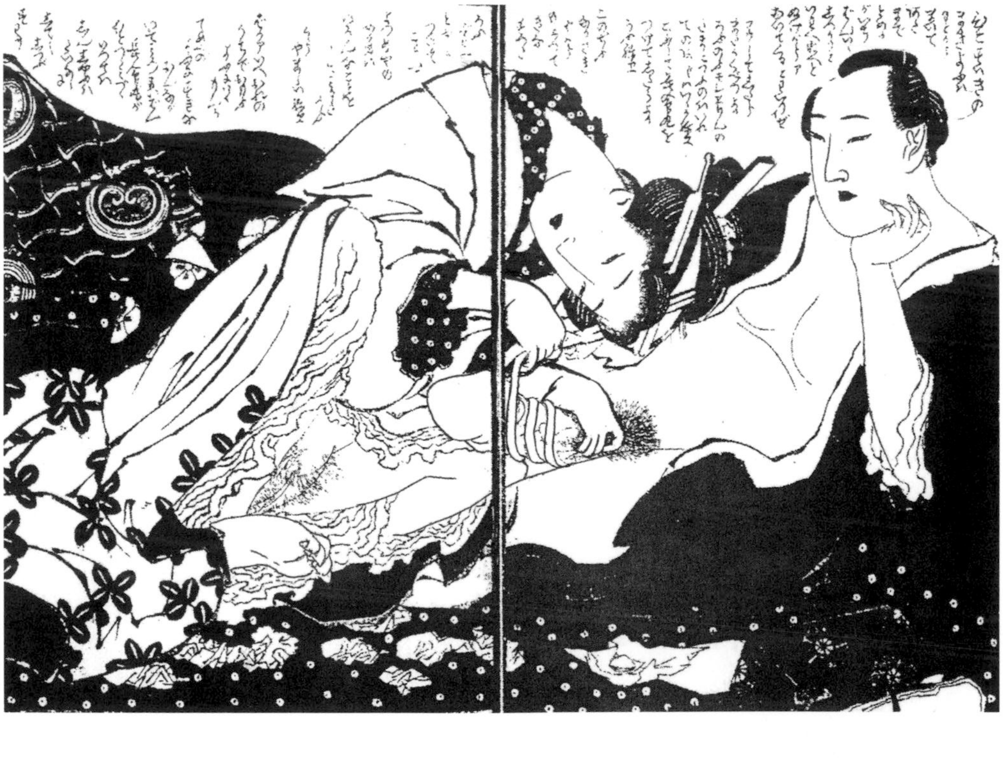

日人西川祐信浮世繪春畫「好戲在後」。

日人葛飾北齋「喜能會之故真通」浮世繪春畫中男子陽具上纏繞著白綾帶子。

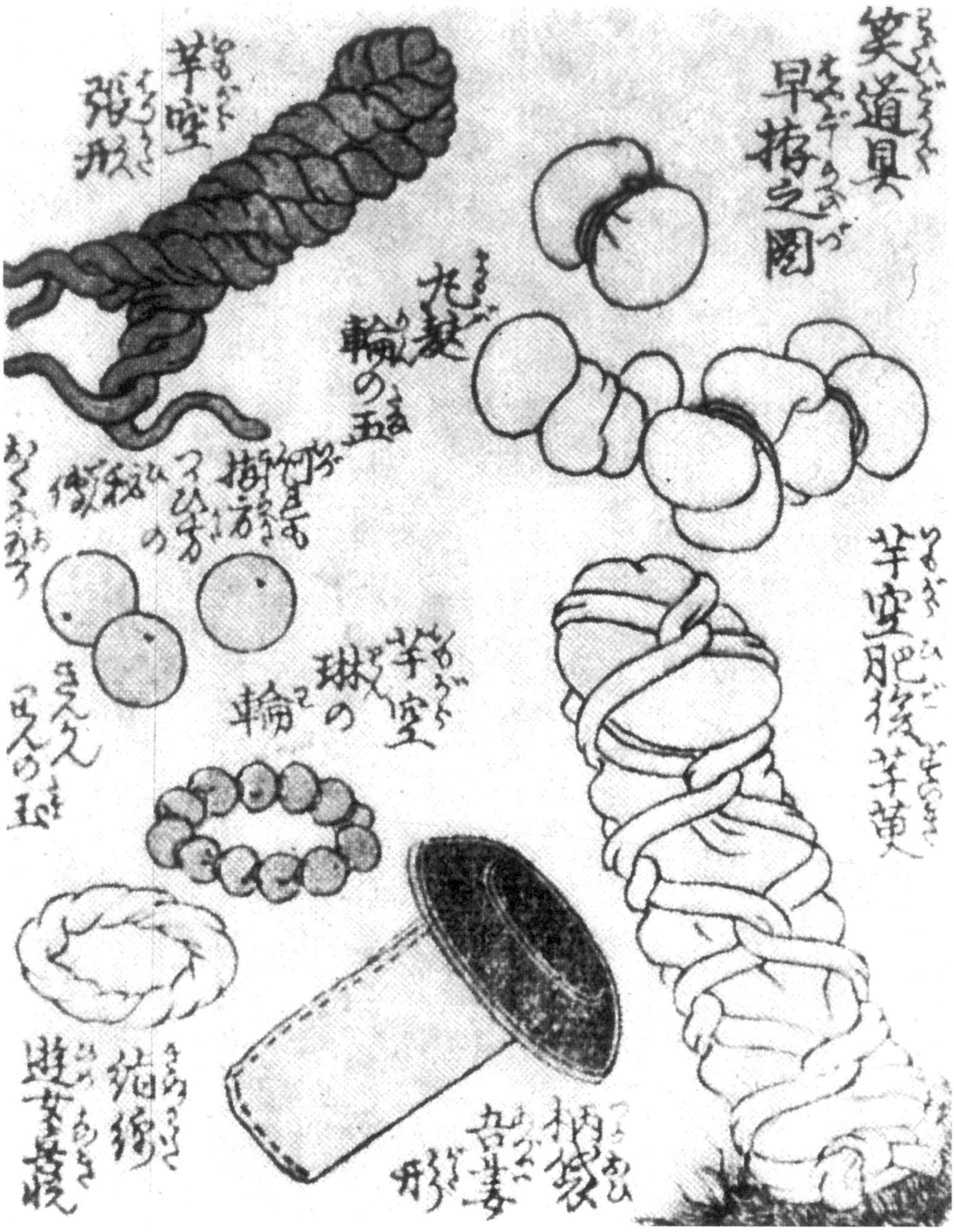

▍日本浮世繪「女悅笑道具」中有白綾帶子纏繞法的圖示。

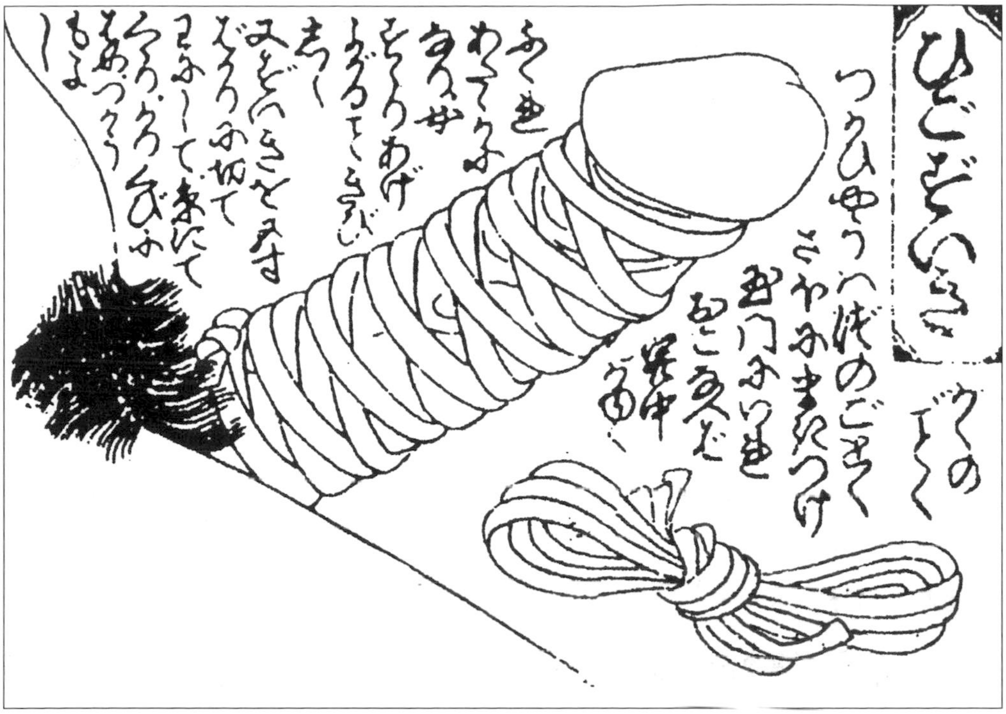

日人月岡雪鼎「艷道日夜女寶記」中的白綾帶子與綁法圖示。

互對纏在龜頭上，而後交互纏繞到根部打結。這種纏綁法會製造出許多疙瘩，在行房時產生更好的磨擦效果。單就白綾帶子的使用上，也可見古代日本人比中國人聰明多了。

日人月岡雪鼎的浮世繪「艷道日夜女寶記」繪於明和六年（西元一七六九年），相當於清朝乾隆三十四年，比前述「女悅笑道具正寫」稍晚，又早於葛飾北齋的「江戶時代的性具」，在裡面也有白綾帶子一束和如何纏在陽具上的圖示，這又是另一種纏縛法，能讓性具在出入牝戶時產生波浪狀的磨擦效果。

現今的情趣用品店不知道有沒有販售白綾帶子？可是有心一試的讀者利用家中的鞋帶，浸入情趣商店裡買來裝在小玻璃瓶內透明無色的媚藥藥水，浸飽後晾乾使用，應該就是古代中國「藥煮的白綾帶子」了，拿來綁在陽具上，綁法參照日本浮世繪「女悅笑道具」或「艷道日夜女寶記」的圖示，應該可以讓人如虎添翼；喜歡吃辣的人，那些不怕辣、辣不怕、怕不辣的讀友們，還可以把鞋帶浸入辣椒水再晾乾後使用，想必十分刺激。

聲明在先，筆者都不曾試過，效果如何，責任自負。

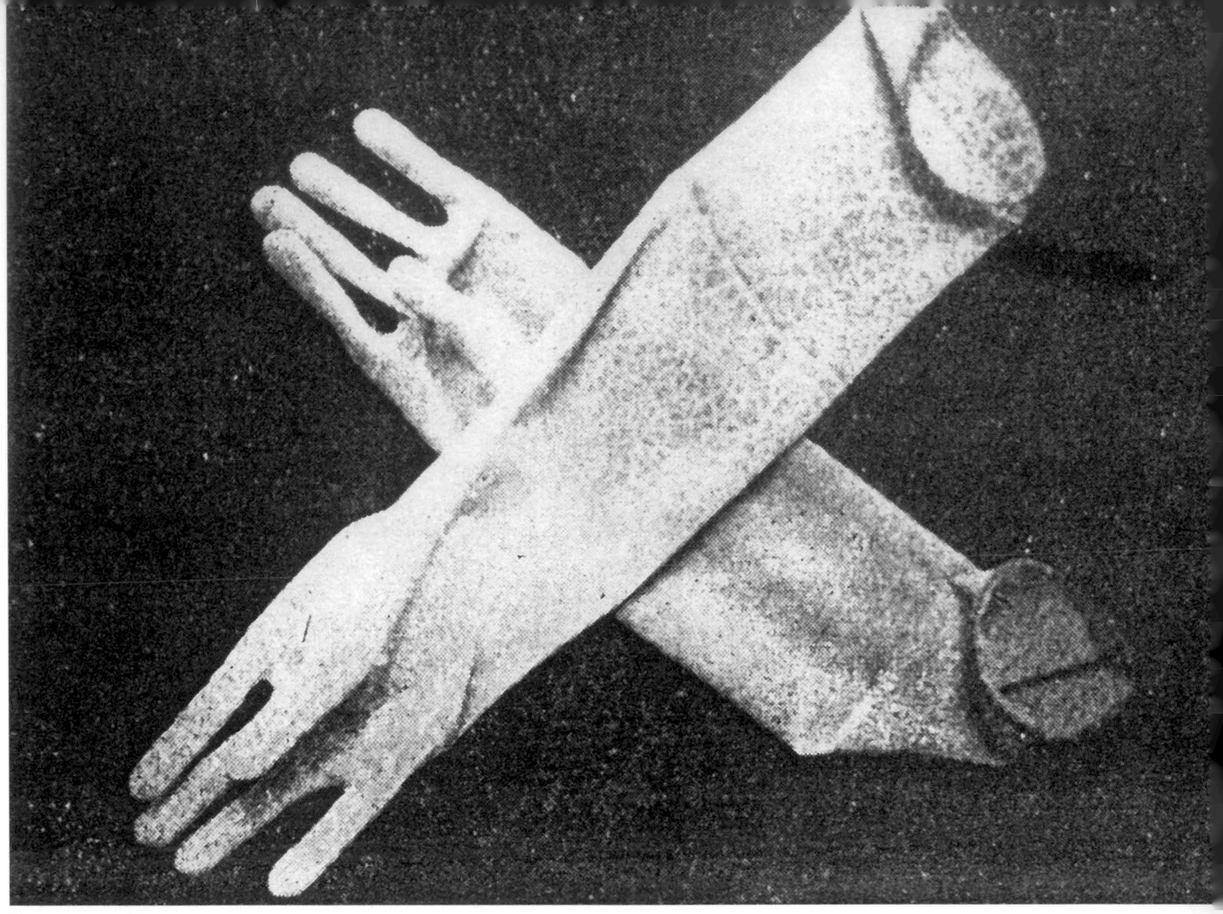

最古老的保險套之一：手套形保險套。

九、風流如意袋

大約在十六、七世紀歐洲文藝復興時期，意大利人就利用羊腸縫製了陽具套子，用來防止感染性病和避孕。後來生意人把腦筋動在這種套子上，發明出各種奇形怪狀的套子來，目的是增加磨擦力以產生快感，陽具套子便又多了增加閨中情趣的功能，成了情趣商品店的貨品之一。

現在台灣人通稱陽具套子為「保險套」，二、三十年前還流行過一陣子稱為「小夜衣」，更早的清末民初時，人們還稱這種來自西洋的玩意兒叫「風流如意袋」。

民初天津人姚靈犀《思無邪小記》第一四四則說：「今之洋貨肆或藥房中嘗售有……風流如意袋，係以柔薄之皮為之，宿娼時蒙於淫具（陽具）以免梅毒入侵精管，因能防制花柳病也，故亦名保險套。更有一種附有肉刺者，可增女子之歡情……。」附有肉刺的情趣保險套在今日的情趣用品店裡仍有販售，可見其百年來一直受到人們的喜愛。

在一九二八年由奧地利維也納一家書局出版的《世界

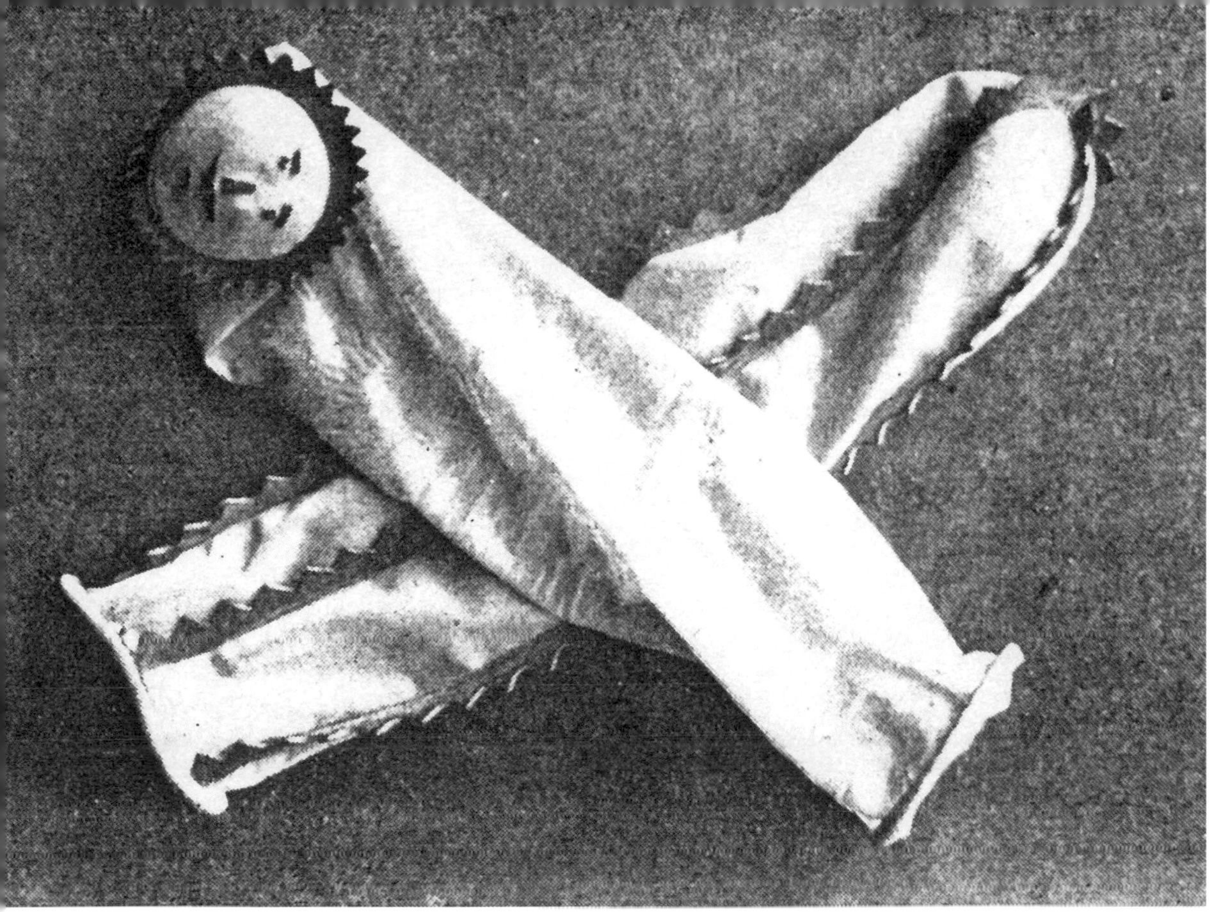

▌最古老的情趣保險套附有小刺及人臉。

性文化百科全書》裡，附有兩幅早期的情趣保險套；一作手套形，前端有五指；一作顆粒狀，顆粒或排列成長條、或集中在前端小丑臉孔的周圍成一圈，都是十分實用的設計。

另外在一九八四年香港出版的『中國性祕密』一書中，也有一幅十九世紀（清朝中末葉）由中國廣州外銷畫家所繪的春宮「戴套子」（見下頁附圖），描繪西歐貴族男女在做愛前戴保險套的情景，都是保險套史上珍貴的資料。

現今保險套的花樣百出，不但在造型上挖空心思，做出各種顆粒小刺來，還研發出各種顏色、各種口味的保險套，有薄荷口味的、巧克力口味的、草莓口味的、檸檬口味的……保險套，在套好後可以先讓女性用嘴巴品嘗一番以為口交之前戲吧。販賣保險套也不限於情趣用品店，而是普及到各便利商店、旅館廁所都擺設有保險套販賣機，以便利臨時需要者可以用來預防愛滋病或預防受孕，情趣之功能已退居第二線了。

十九世紀廣州外銷畫描繪西歐貴族男女在做愛前吹戴保險套情景。

十、緬鈴

緬鈴是緬甸人發明的一種小銅鈴，鈴內中空有小圓球，遇熱則震，放入女人牝戶中會產生刺激性的效果；它在明朝中葉萬曆年間傳入中國後，筆記小說、章回小說裡常常提到它，並說它非常好用，所以價格昂貴，只有西門慶一般的土財主才買得起，常拿它來戲弄潘金蓮。

《金瓶梅詞話》說西門慶從花子虛老婆李瓶兒那兒弄來一顆緬鈴，而李瓶兒的緬鈴則是因丈夫花子虛的叔叔入宮為太監，從皇宮裡偷出來的，西門慶得到緬鈴後，拿回家向潘金蓮現寶。書上說：

> 西門慶盡脫白綾襖，袖子裡滑浪一聲，掉出個物件兒來，拿在手內沉甸甸的，紹彈子大，認了半日，竟不知甚麼東西，但見：
>
> 原是番兵出產，逢人薦轉在京，身軀瘦小內玲瓏；得人輕借力，展轉作蟬鳴。解使佳人膽顫，慣能助腎威風，號稱金面勇先鋒；戰降功第一，揚名緬子鈴。
>
> 婦人認了半日，問道：「是甚麼東西兒？怎的把人半邊肐膊都麻了？」西門慶笑道：「這物件妳就不知道了，名喚做『緬鈴』，南方緬甸國出產的，好的也值四、五兩銀子。」婦人道：「此物使到哪裡？」西門慶道：「先把它放入爐（牝戶）內，然後行事，妙不可言。」

後來書上第二十七回「潘金蓮醉鬧葡萄架」時，西門慶在脫光了仰躺葡萄架下，兩腿高高吊起的潘金蓮牝戶中就塞入一粒緬鈴，自己陽具則使上銀托子和硫黃圈，大肆抽送，搞得「婦人目瞑氣息，微有聲嘶，舌尖冰冷，四肢收嚲於衽席之上」效果果然驚人。

今日的情趣用品店中也有緬鈴出售，兩粒直徑三公分的塑膠小圓球，表面布滿凹洞，內部中空裝有一粒鐵珠，想自慰的婦女把它們一一放入牝戶中，而後坐在搖椅上來回晃動，便有撞擊的效果；也有不鏽鋼製的，直徑約一．八公分，兩粒一組放在紅絨布襯墊的透明壓克力小盆中，在美國的售價是十二美元。

日人葛飾北齋畫男子以煙斗戲弄女友陰戶，男子陽具在龜頭下已套了硫磺圈，可以在做愛時增加摩擦刺激。

緬鈴的震動力遠遠不及跳蛋，放入陰道以後還有可能拿不出來（塑膠製品則以細繩相連繫，再留一截十公分左右的細繩，使用後可拉繩曳出圓球），因此在情趣用品店是冷門貨物，只有好奇的人才會買回去嘗鮮，用個一、兩次就棄如敝屣了。跳蛋可說是現代的緬鈴，因為它的體積小，就比較沒有電動假陽具過於冰冷的問題，是最受婦女歡迎的情趣用品。

Do藝術5　PH0214

惗

——中國古代假陽具的真面目

作　　者／殷登國
責任編輯／杜國維
圖文排版／楊家齊
封面設計／王嵩賀

出版策劃／獨立作家
發 行 人／宋政坤
法律顧問／毛國樑　律師
製作發行／秀威資訊科技股份有限公司
地址：114 台北市內湖區瑞光路76巷65號1樓
電話：+886-2-2796-3638　傳真：+886-2-2796-1377
服務信箱：service@showwe.com.tw
展售門市／國家書店【松江門市】
地址：104 台北市中山區松江路209號1樓
電話：+886-2-2518-0207　傳真：+886-2-2518-0778
網路訂購／秀威網路書店：https://store.showwe.tw
國家網路書店：https://www.govbooks.com.tw

出版日期／2019年7月　BOD一版　定價／1000元

|獨立|作家|
Independent Author

寫自己的故事，唱自己的歌

慾：中國古代假陽具的真面目 / 殷登國著. --
一版. -- 臺北市 : 獨立作家, 2019.07
面；　公分. -- (Do藝術 ; 5)
BOD版
ISBN 978-986-95918-9-8(精裝)

1.情色藝術

544.78　　108007313

國家圖書館出版品預行編目

讀者回函卡

感謝您購買本書，為提升服務品質，請填妥以下資料，將讀者回函卡直接寄回或傳真本公司，收到您的寶貴意見後，我們會收藏記錄及檢討，謝謝！

如您需要了解本公司最新出版書目、購書優惠或企劃活動，歡迎您上網查詢或下載相關資料：http:// www.showwe.com.tw

您購買的書名：________________________________

出生日期：________年________月________日

學歷：□高中（含）以下　□大專　□研究所（含）以上

職業：□製造業　□金融業　□資訊業　□軍警　□傳播業　□自由業

□服務業　□公務員　□教職　□學生　□家管　□其它_____

購書地點：□網路書店　□實體書店　□書展　□郵購　□贈閱　□其他

您從何得知本書的消息？

□網路書店　□實體書店　□網路搜尋　□電子報　□書訊　□雜誌

□傳播媒體　□親友推薦　□網站推薦　□部落格　□其他________

您對本書的評價：（請填代號　1.非常滿意　2.滿意　3.尚可　4.再改進）

封面設計____　版面編排____　內容____　文／譯筆____　價格____

讀完書後您覺得：

□很有收穫　□有收穫　□收穫不多　□沒收穫

對我們的建議：________________________________

____

____

____

請貼
郵票

11466
台北市內湖區瑞光路 76 巷 65 號 1 樓
獨立作家讀者服務部 收

（請沿線對折寄回，謝謝！）

姓　　名：＿＿＿＿＿＿＿＿　年齡：＿＿＿　性別：□女　□男

郵遞區號：□□□□□

地　　址：＿＿＿＿＿＿＿＿＿＿＿＿＿＿＿＿

聯絡電話：(日)＿＿＿＿＿＿＿＿　(夜)＿＿＿＿＿＿＿＿

E-mail：＿＿＿＿＿＿＿＿＿＿＿＿＿＿＿＿